本专著由2020年度青岛市社会科学规划研究项目“青岛军Е
和政策研究”（QDSKL2001251）、山东省自然科学基金赍
东省化工园区风险监测预警研究：模型和方法”(ZR2020N
个项目的阶段性研究成果。

基于大数据的产业融合协同创新机制和政策研究
——以青岛市为例

Research on the Mechanism and Policy of Industrial Integration Collaborative Innovation Based on Big Data
—A Case Study of Qingdao City

苑吉洋　何宗斌　于晓霖　张晓炜　王玉梅／著

图书在版编目（CIP）数据

基于大数据的产业融合协同创新机制和政策研究：以青岛市为例/苑吉洋等著.—北京：经济管理出版社，2022.3

ISBN 978-7-5096-8365-1

Ⅰ.①基… Ⅱ.①苑… Ⅲ.①新兴产业—产业融合—技术创新机制—研究—中国 Ⅳ.①F269.24

中国版本图书馆 CIP 数据核字(2022)第 045865 号

组稿编辑：王　洋
责任编辑：王　洋
责任印制：黄章平
责任校对：张晓燕

出版发行：经济管理出版社
（北京市海淀区北蜂窝 8 号中雅大厦 A 座 11 层　100038）
网　　址：www.E-mp.com.cn
电　　话：(010) 51915602
印　　刷：北京晨旭印刷厂
经　　销：新华书店
开　　本：720mm×1000mm/16
印　　张：14
字　　数：221 千字
版　　次：2022 年 4 月第 1 版　　2022 年 4 月第 1 次印刷
书　　号：ISBN 978-7-5096-8365-1
定　　价：88.00 元

联系地址：北京市海淀区北蜂窝 8 号中雅大厦 11 层
电话：(010) 68022974　　邮编：100038

目　录

第一章

绪 论

一、研究背景

在经济全球化和社会信息化背景下，国际产业竞争日益激烈，技术创新已成为推动产业向中高端发展的主要驱动力。一方面，技术创新能够增强产业自主创新能力和整体实力，释放新动能；另一方面，产业向中高端发展是创新活动最为集中的领域，具有较强创新能力的跨国公司已经取代主权国家，成为世界经济竞争舞台上的主角，具备了“富可敌国”的强大经济实力，在国际竞争中发挥着重要作用。从世界经济的现实情况来看，凡是掌握着所在行业核心技术、标准的跨国公司，在国际市场竞争中和全球产业分工体系中都占据领导地位，发挥行业的引领作用，也是其所在国作为世界经济强国的核心竞争力和雄厚经济实力的主要载体。例如，美国的谷歌、苹果，韩国的三星等企业都在一定程度上影响着本国乃至是世界经济的科技创新。

产业融合协同创新是一种政府引导下的产业向中高端发展的行为，因此，要从产业中高端发展和公共管理角度对产业融合协同创新及其发展问题进行研究。产业中高端发展是一个产业功能不断改善的产业融合协同创新过程；也有学者认为产业中高端发展是指产业在一个相当长的时间内，通过产业融合协同创新来保持产业整体竞争力水平平衡、稳定增长的势头，这种观点强调了产业融合协同创新是产业中高端发展的支撑动力。综合学者们已有的观点，我们认为，产业中高端发展是以产业融合协同创新和盈利为支撑的产业资产（包括有形资产和无形资产）价值的增长。产业中高端发展必须要以产业融合协同创新和盈利为基础，任何其他方式的发展都是不可能持续的，也就是要求产业中高端发展内生于产业自身创新行为。产业的融合协同创新和盈利反映的是产业融合协同创新增值和资产存续期内可以为产业带来的现金流的净现值，这是市场对产业未来发展能力和盈利能力所做的判断。产业中高端发展并不要求其在每一时期都获得创新和盈利，有些产业在创新初期，短时间内有可能是亏损的，但其资产的价值仍然有可能是在不断增加的。也有产业现期的盈利水平可能很高，但资产价值有可能在贬值，这是市场对其未来的发展持悲观态度。公共管理作为科学社会管理层面的一种最新发展手段，是以政府公共性管理为主导，结合政治、法律、经济、战略等的各类公共组织通过一些相应的科学管理手段对国家、社会和组织资源进行配置和优化，从而实现科学、有效管理的过程。可以借助公共权力的力量来实现组织总体效益的科学化、合理化、最大化和可持续化，以最少的资源投入，产生出最多数量和效益的社会性公共服务和产品。通过产业融合协同创新发展，实现产业现代化建设、产业中高端发展与经济建设的融合发展，与经济社会相结合，通过产业融合协同创新使资源得到最有效的运用，从而促进经济社会的发展，为产业发展和现代化建设提供强大的技术支持和安全保障，在良好的社会资源基础上建立现代化产业融合协同创新企业。

创新驱动发展这一战略是我们党和国家基于我国目前的实际发展状况，根据国内外形势变化和下一步发展需求做出的重大战略决策，也是我国针对不同阶段发展需求，不断调整发展逻辑和发展战略的必然结果。国家综合国力的提升从根本上说是创新实力的提升，只有通过不断发挥创新驱动的发展作用、首先占据产业发展战略技术的制高点，才能获取相关的竞争优势，实现产业的飞跃式发展。因此，通过产业融合协同创新打通产业发展战略新兴技术领域的技术流通与成果转化渠道，创新发展模式与路径，对实现我国创新驱动发展战略目标具有重要意义。

青岛市是我国沿海贸易往来的重要城市之一，青岛市在落实产业融合协同创新国家战略方面也形成了具有青岛特色的发展道路，正在努力形成三方融合模式和三海融合机制。三方具体指平台、区域及领域内的融合；三海则指深海、远海与海上行为融合。青岛市在西海岸新区的古镇口建立了产业融合协同创新示范区，既可以借助古镇口新区的中心位置优势，又可以通过落实示范区建设促进古镇口的经济发展，实现产业融合协同创新行为。青岛在西海岸新区成立产业融合协同创新示范区，不仅对青岛市总体的产业融合协同创新体制的完善与调整、资源合理配置及促进产业融合协同创新交流具有重要意义，更对促进产业中高端发展与经济建设共同发展具有重要示范意义。科技协同创新为青岛市产业融合协同创新企业提供技术层面的创新支持。一方面，政府在政策上对民营企业参与到产业融合协同创新建设提供一定程度的资金支持和优惠政策，以扶持相关产业中高端发展；另一方面，在科技协同创新下产业之间已经建立相关的项目交流机制，不断地相互提供技术、政策方面的服务，实现技术资源、信息资源、设备等的共享，加速产业融合协同创新的进程。

科技协同创新可以在一定程度上加强青岛市产业融合协同创新技术的研发。青岛市在产业融合协同创新技术研发上，协同政府、企业、科研院所、高校等进行多个主体之间的合作，深化多种形式的产业技术协同发展模式，不断关注相关重点、热点领域的两用技术的研究与开发，大力发展高技术产业，促进创新体系和能力的建设。

科技协同创新可以带动和发挥产业融合协同创新项目的示范作用。围绕协同创新相关产业的发展，青岛市不断推动相关技术的产业化，西海岸协同创新示范区的建立不断规范和发展相关产业融合协同创新项目，不断发挥产业园区的示范作用。一是科技协同创新促进了相关产业融合协同创新各类项目的规范发展，明确示范区产业基地、园区、试点工作的目标定位，对项目的实施与落地进行规范和监督，从而提升专业化能力的建设；二是科技协同创新可以引导和促进相关协同创新产业的发展，可以结合青岛市相关产业的优势，加速产业化发展；三是推动产业协同创新相关主体，包括政府相关部门、科研机构、军事企业、民营企业，以及高校等形成协同效应，促进新产品、新技术的发展。

二、研究意义和研究价值

（1）本书通过对产业融合协同创新相关机制的研究，可以帮助各类型创新主体在协同创新系统内进行清晰的定位，促进创新主体之间建立良好的沟通桥梁，降低沟通成本与合作风险，不断培养彼此间的信任，使创新主体可以高效地获取科技资源，提高产业融合协同创新系统的自组织性与协同能力。

（2）本书的研究有助于管理部门进行合理的产业融合协同创新政策的制定。通过对产业融合协同创新机制的构建过程中的相关影响因素与运行状况进行分析，从系统角度阐述产业融合协同创新的内在运行机理，揭示产业融合协同创新的核心规律，从而为政府从科学角度制定合理的产业融合协同创新政策提供相关的理论依据。

（3）本书通过仿真及实证分析，设计产业融合协同创新各项运行机制，探索高效创新的组织模式，以及创新各类主体之间的相关关系，增强科技顶层设计与宏观统筹，提高科技创新资源的有效整合与开放共享，并保障在此过程中创新主体的各项利益，加强技术创新能力和水平，从而提升青岛产业融合协同创新绩效。

三、研究思路

研究产业融合协同创新机制和政策，可以为构建国防科技创新体系提供一定的理论借鉴。通过产业融合协同创新打通战略新兴技术领域的技术流通与成果转化渠道及产业融合协同创新的模式与路径。

（1）协同创新内涵、协同创新特征与协同创新组织模式研究。

首先，科学地界定协同创新的内涵，在此基础上分析协同创新的创新主体构成以及在协同创新系统中的功能和定位。其次，从系统论的角度研究各类创新主体之间的相关关系，构建协同创新的组织模式。

（2）产业融合协同创新运行机理。

构建产业融合协同创新过程的子系统，找到子系统之间的相互关联，构建以系统观为基础的产业融合协同创新机理模型，并分析各个系统之间的互动关系。

（3）产业融合协同创新机制。

研究青岛产业融合协同创新中的创新资源要素分类以及共享情况，探讨产业融合协同创新资源共享的影响因素，构建产业融合协同创新资源共享演化模型，并运用仿真分析建立产业融合协同创新资源共享机制。运用 SECI 知识增值理论，构建产业融合协同创新知识增值机制。

（4）产业融合协同创新绩效评价机制。

从系统的角度分析青岛产业融合协同创新绩效的影响因素，从协同创新的互惠知识共享、资源的有效配置、行动的最优同步角度设定产业融合协同创新绩效的评价原则与目标；建立合理的评价指标体系，构建数学模型从静态和动态的角度测算产业融合协同创新绩效，运用实证分析的方法对其绩效评价进行检验。

（5）产业融合协同创新政策研究。

提出产业融合协同创新政策建议，构建产业融合协同创新的宏观统筹机制，以保障产业融合协同创新结构的稳定、系统的良好运行以及创新绩效的提升。包括建立规划、计划、任务的网络化衔接机制，产业融合协同创新过程调整机制以及产业融合协同创新行为约束机制等，为产业融合协同创新提供相关政策建议。

第二章

基于大数据分析的国内外相关研究热点与动态

产业融合协同创新过程中是离不开政府支持和政策保障的。政府的介入可以有效地降低协同创新中的市场失灵。随着创新系统研究的逐渐深入，学者们普遍认为政府在协同创新中的作用逐渐从环境控制变量向直接参与主体的角色转变，其功能也从直接干预逐步转向多角度全面监管与服务。Furman、Jing 研究发现，政策制度的变化不仅直接作用于协同创新，同时通过对协同创新的组织演化也会对空间内其他主体产生重要影响，而且间接地影响产业融合协同创新主体的行为和绩效。学者们还研究了协同创新政策制度建设，包括有效的财政政策、税收政策、竞争性的市场采购政策等。政府通过有效的财政政策，可以调整国防科技投入，有效地协调国防支出与经济增长之间的非对称关系，以促进国防与经济的共同发展。OECD 国家的政策互补性的研究表明，与政府干预的混合市场经济相比，自由市场经济体制在高端技术领域的技术成果研发和转化中起到了更重要的作用。Paola Profeta 研究发展中国家政府的国防税收政策、Ayşenur Erdil 研究土耳其航空产业中政府的税收优惠政策，发现其可以更有效地促进创新主体之间的协同关系与协同绩效。政府采购政策的制定需要与公平的市场竞争进行有效结合。合理的政府采购制度可以有效刺激市场机制的作用，增强创新主体之间的竞争活力和协同合作的积极性，并可以从研发、生产、市场化一系列过程中建立一套合适的采购激励机制。同时，政府作为协同创新的直接参与主体，可以通过创新的直接投入参与协同创新的研发活动。

基于大数据分析，本书通过对国内外关于协同创新文献的梳理，发现关于产业融合协同创新的研究是近年来研究的重点与热点，为协同创新的机制和政策研究奠定了基础。但我们发现，现有研究在对协同创新的理论进行广泛关注的同时，缺少协同创新政策制定与机制的耦合互动研究，以及缺少从顶层设计的角度探讨协同创新各类政策之间的协同关系的研究。

一、基于大数据的国内外"科技协同创新"相关研究动态与热点分析

（一）基于大数据的国外"科技协同创新"相关研究动态与热点分析

下面进行 SCI"科技协同创新"（Collaborative Innovation of Science and Technology）知识图谱分析。

（1）SCI 发文量趋势分析。

国外关于 Collaborative Innovation of Science and Technology 的研究起步较早，1996 年相关文献开始在 SCI 出现，并且 1996~2006 年的发文量较少且波动较为平稳，但是 2007~2020 年的文章发表量有所提高且呈现不断波动的状态，其中 2015 年、2017 年、2019 年达到了一个相对较高的水平。从图 2-1 中我们可以看出，近期 Collaborative Innovation of Science and Technology 的相关研究相对来说处于热度上升期。

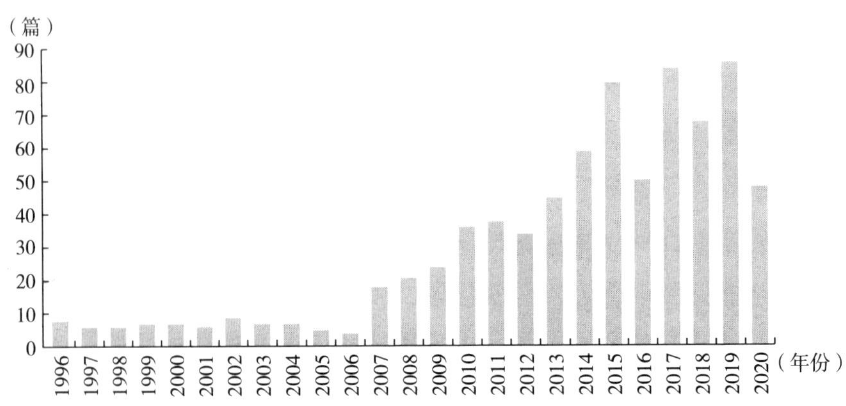

图 2-1　SCI 中关于科技协同创新的发文量

（2）SCI 关键词知识图谱分析。

科技协同创新在国外的研究中是用“Collaborative Innovation of Science and Technology”进行阐述的，由于科技协同创新在国外研究文献中数量较少，我们选取 1996~2020 年作为文献检索的时间范围，在 Web of Science 上以“Collaborative Innovation of Science and Technology”为主题搜索相关的 SCI 文献，共检索到相关文献 740 篇，借助 Citespace 软件对检索到的相关文献进行可视化分析，获得相应的知识图谱并进行分析说明（见图 2-2）。

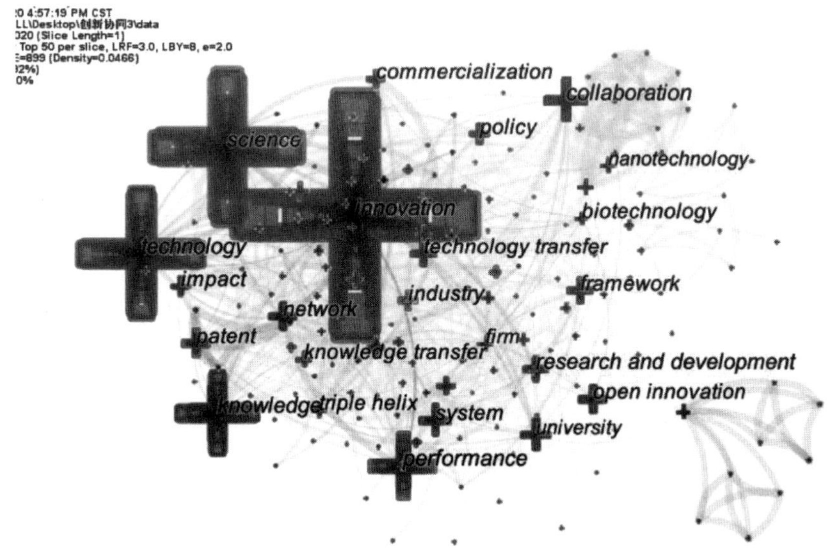

图 2-2　SCI 中关于科技协同创新关键词知识图谱

科技协同创新相关研究涉及科技、技术、创新等多个方面。其中节点较大的关键词有 innovation、science、technology、knowledge、research and development、performance、collaboration、knowledge transfer 等，这些关键词代表着一些研究领域的热点研究方向。同时，有相当一部分中心中介性较高的词，它们分别是 innovation、science、technology、knowledge、performance、collaboration，这些中心中介性较高的关键词是各个相关研究热点领域的桥梁，可以连接不同的研究领域和研究方向，在整个研究领域中起到了主要的联系作用。与此同时，这些具有较高中心中介性的关键词也在一定程度上反映出相应领域的研究热度，表明这些关键词的研究热度较高且在研究领域中处于前沿阶段，其中 innovation 的中心中介性为 0.12、science 的中心中介性为 0.14、technology 的中心中介性为 0.16、knowledge 的中心中介性为 0.13、collaborative learning 的中心中介性为 0.15、collaboration 的中心中介性为 0.13（见表 2-1）。

表 2-1　SCI 中关于科技协同创新相关关键词中心中介性

排名	共现频次	关键词	中心中介性
1	94	technology	0.16
2	19	open innovation	0.16
3	11	collaborative learning	0.15
4	107	science	0.14
5	62	knowledge	0.13
6	35	collaboration	0.13
7	23	university	0.13
8	168	innovation	0.12
9	13	education	0.11
10	21	technology transfer	0.09

科技协同创新研究领域中有许多不同热点的关键词，其中有两个关键词具有突增现象，它们分别是 innovation 和 collaborative learning。innovation 这一关键词的突增时间是 1996～2009 年，collaborative learning 这一关键词的突增时间是 2010～2012 年，这些关键词的突增时间都相对较早，这对未来的相关研究有一定的借鉴、奠定基础的作用，如表 2-2 所示。

表 2-2　SCI 中关于科技协同创新热点突增关键词

关键词	突增强度	起始时间	结束时间
innovation	9.7261	1996	2009
collaborative learning	4.7584	2010	2012

SCI 文献的科技协同创新研究可以分成三个阶段：第一阶段为 1996~2001 年，这一阶段的研究主要从创新协同本身的内涵、知识结构进行相关研究。第二阶段为 2001~2010 年，这一阶段的研究涉及领域开始变得广泛起来，主要对科学技术、创新绩效、经济、知识等进行相关研究。第三阶段为 2010~2020 年，这一阶段的研究涉及领域十分广泛，研究的主体分布于工业、农业、生物、互联网等。可以看出，当前科技协同创新研究中对于协同创新的相关研究处于前沿阶段，是当前研究相对较多的内容，如图 2-3 所示。

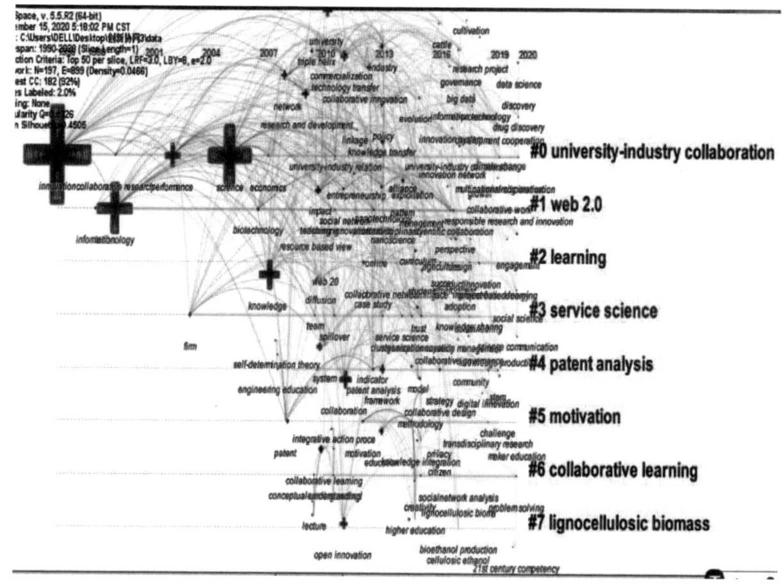

图 2-3　SCI 中关于科技协同创新研究阶段图谱

（二）基于大数据的国内“科技协同创新”相关研究动态与热点分析

1. CNKI 中 CSSCI 和核心期刊“科技协同创新”知识图谱分析

（1）CSSCI 和核心期刊发文量分析。

通过对 CSSCI 和核心期刊不同关键词发文数量进行分析可以看出，协同创新和科技创新的文献数量最多，分别达到了 227 篇和 113 篇，紧随其后的分别是协同发展、科技协同创新、科技成果转化、创新协同、产学研协同创新等，如图2-4所示。国内关于创新、协同相关的文献发布数量相对较多，研究热度处于相对前沿的状态。

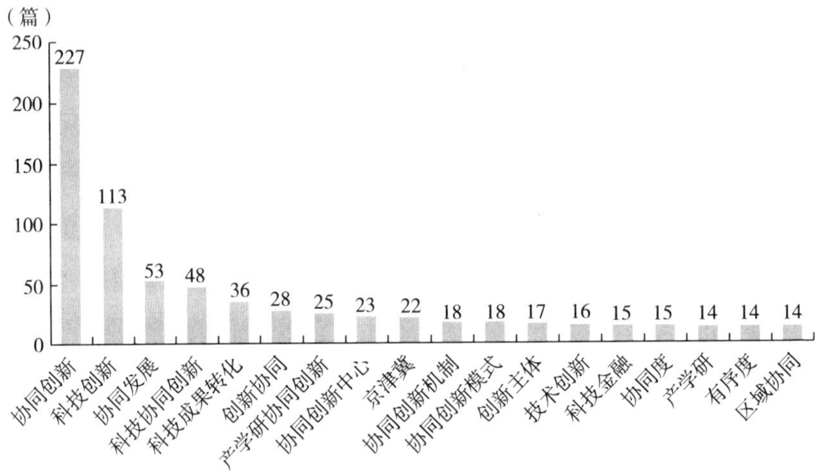

图 2-4 CSSCI 和核心期刊中以科技协同创新为关键词的发文量

国内关于科技协同创新的研究起步较早，在1994年相关文献开始在CNKI出现，1994~2006年的发文量较少且较为平稳，2011~2014年，发文量增长十分迅速，2017年出现低谷（见图2-5）。

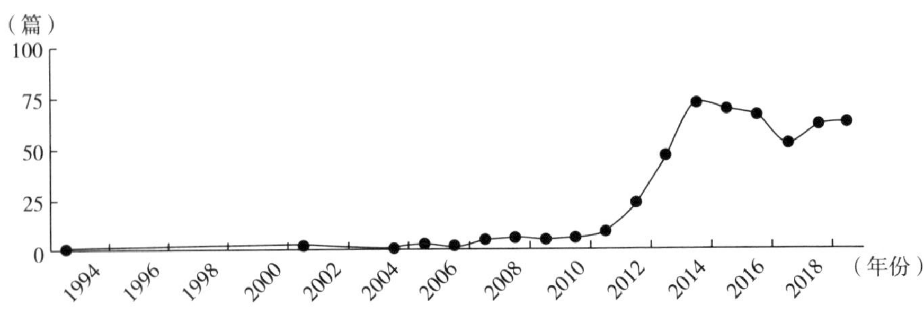

图 2-5 CSSCI 和核心期刊中科技协同创新年度发文量

（2）CSSCI 和核心期刊中关键词知识图谱分析。

科技协同创新在国内研究文献中数量相对较少，我们选取 1994~2020 年作为文献检索的时间范围，在中国知网（CNKI）上以“科技协同创新”为主题搜索相关的 CSSCI 文章和核心期刊文献，共检索到相关文献 509 篇，借助 Citespace 软件对检索到的相关文献进行可视化分析，获得相应的知识图谱并进行分析说明（见图 2-6）。

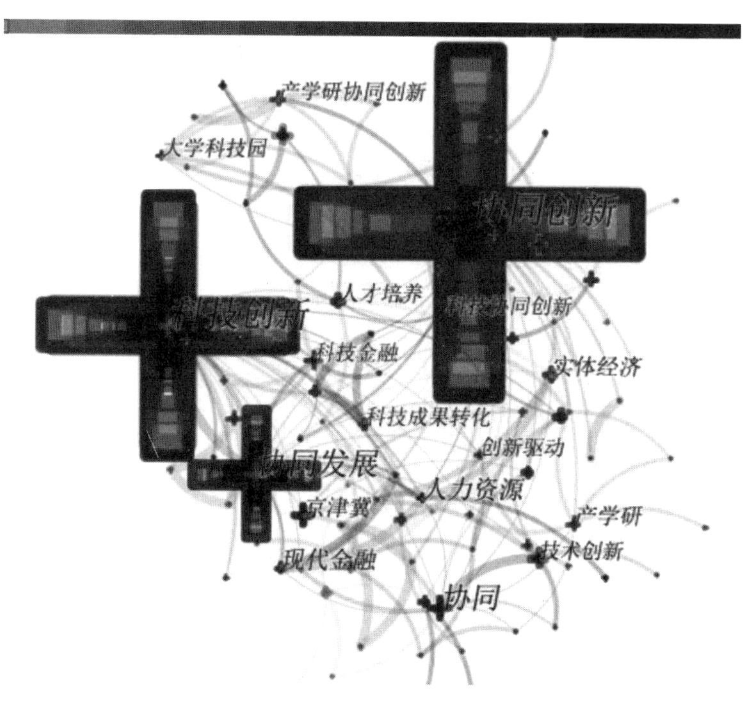

图 2-6　CSSCI 和核心期刊中科技协同创新知识图谱

从图 2-6 可以看出，国内对科技协同创新的相关研究中的关键词主要有协同创新、协同发展、科技创新、技术创新、协同、产学研协同创新、科技成果转化、产学研等，并且从图中还可以看出，关于科技协同创新的相关研究聚类较为明显，主要有三大角度：一是从协同创新角度，研究它的内涵、作用和评价指标；二是从科技创新角度，研究科学技术层面对创新的驱动作用与意义；三是从协同发展角度出发，研究协同带来的效益与发展。

从 CSSCI 和核心期刊文献关于科技协同创新主题的研究领域可以看出，科技协同创新这一主题在相关 CSSCI 和核心期刊的各个研究领域可以反映出不同的研究方向，科技协同创新研究领域中有许多不同热点的关键词，其中有三个关键词具有突增现象，它们分别是科技创新、协同发展和实体经济。这些关键词的突增时间也是不一样的，且持续时间也不相同。其中，科技创新这一关键词的突增时间为 1996~2011 年，协同发展这一关键词的突增时间为 1996~2011 年，实体经济这一关键词的突增时间为 2018~2020 年，它们都是具有突增现象的关键词，会对未来的热点领域研究有一定的借鉴和铺垫作用，如表 2-3 所示。

表 2-3　CSSCI 和核心期刊中关于科技协同创新热点突增关键词

关键词	突增强度	起始时间	结束时间
科技创新	14.756	1996	2011
协同发展	17.8822	1996	2011
实体经济	3.8342	2018	2020

从表 2-4 中可以看出，协同创新、科技创新、协同发展、协同等关键词的中心中介性较高，这些关键词是相关热点研究领域的桥梁，对科技协同创新的研究起到了一定的推动作用，在整个研究领域中起到了主要的联系作用。这些关键词在科技协同创新领域研究中具有十分重要的地位，同时也说明了科技协同创新领域的研究还处于相对热门状态，研究热度依旧很高。其中，协同创新的中心中介性为 0.90、科技创新的中心中介性为 0.39、协同发展的中心中介性为 0.08、京津冀的中心中介性为 0.07、协同的中心中介性为 0.14。

表 2-4　CSSCI 和核心期刊中关于科技协同创新相关关键词中心中介性

排名	共现频次	关键词	中心中介性
1	205	协同创新	0.90
2	160	科技创新	0.39

续表

排名	共现频次	关键词	中心中介性
3	6	人才培养	0.20
4	15	协同	0.14
5	7	科技型中小企业	0.10
6	85	协同发展	0.08
7	9	产学研	0.08
8	6	创新绩效	0.08
9	16	京津冀	0.07
10	8	产学研协同创新	0.07

2. CNKI 中硕博论文“科技协同创新”知识图谱分析

（1）硕博论文发文量分析。

通过对从 CNKI 数据库中获取到的主题为“科技协同创新”硕博论文进行年度发文量分析，国内硕博论文关于“科技协同创新”的研究相对较多，发文量根据时间不同有相对的波动，但从整体来看发文量在时间维度上保持上升趋势。2003~2013 年，关于科技协同创新的研究还不是十分成熟，年度发文量缓慢增长且数量较少，而在 2014~2019 年持续增长且相对平稳，并且在 2018 年达到发文数量顶峰，如图 2-7 所示。

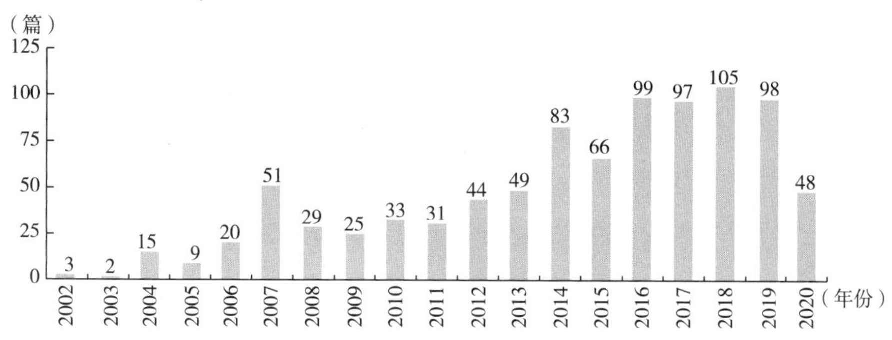

图 2-7 硕博论文中关于科技协同创新的年度发文量

通过对硕博论文中不同关键词发文量进行分析我们可以看出，技术创新的文献数最多，达到了 127 篇，紧随其后的分别是指标体系、农业科技、企业合作、高校科技创新、区域科技创新、创新发展战略等，如图 2-8 所示。国内关于创新、协同、科技相关的文献发布数量还是相对较多的，研究热度处于相对前沿的状态。

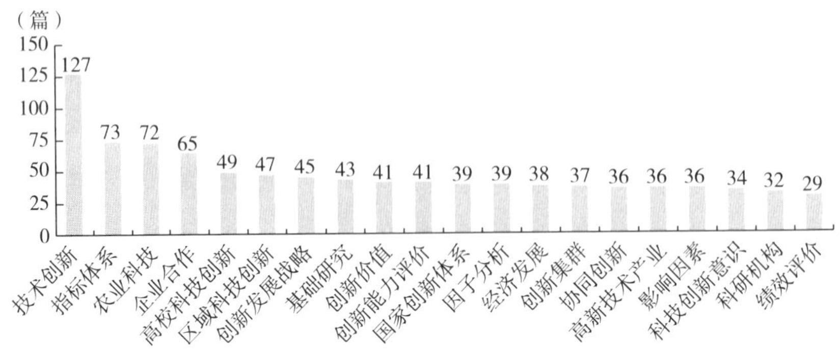

图 2-8　硕博论文中关于科技协同创新相关主题的发文量

（2）硕博论文中关键词知识图谱分析。

科技协同创新在国内硕博论文研究文献中数量较多，我们选取 2003～2020 年作为文献检索的时间范围，在中国知网（CNKI）上以“科技协同创新”为主题搜索相关的硕博论文文献，共检索到相关文献 907 篇，借助 Citespace 软件获得相应的知识图谱（见图 2-9）。

图 2-9　硕博论文中科技协同创新知识图谱分析

从图 2-9 可以看出，国内硕博论文对科技协同创新的相关研究中的关键词主要有科技创新、协同创新、科技创新能力、技术创新、指标体系、创新能力、科技型中小企业等，并且从图中还可以看出，关于科技创新的相关研究聚类较为明显。从表 2-5 中可以看出，科技创新、协同创新、技术创新、科技创新能力、创新、科技金融等关键词的中心中介性相对较高，这些关键词是相关热点研究领域中的桥梁，对科技协同创新的研究起到了一定的推动作用，在整个研究领域中起到了主要的联系作用。以上这些热点关键词在该领域研究占有十分重要的地位，同时也说明了该领域的研究较成熟。其中，科技创新的中心中介性为 0.53、协同创新的中心中介性为 0.49、技术创新的中心中介性为 0.23、科技创新能力的中心中介性为 0.21、创新的中心中介性为 0.12、科技金融的中心中介性为 0.12。

表 2-5　硕博论文中关于科技协同创新相关关键词中心中介性

排名	共现频次	关键词	中心中介性
1	226	科技创新	0.53
2	53	协同创新	0.49
3	33	技术创新	0.23
4	33	科技创新能力	0.21
5	20	影响因素	0.15
6	28	创新	0.12
7	28	科技金融	0.12
8	18	科技型中小企业	0.12
9	9	数据包络分析	0.09
10	8	创新驱动	0.07

从硕博论文中关于科技协同创新主题的研究领域可以看出，科技协同创新这一主题在 CNKI 中相关硕博论文的各个研究领域可以反映出不同的研究方向，科技协同创新研究领域中有许多不同热点的关键词，其中有 12 个关键词具有突增现象，它们分别是技术创新、创新、评价指标体系、绩效评价、自主创新、科技创新、科技创新能力、因子分析、农业科技创新、协同创新、风险投资、影响因素。其中，技术创新这一关键词的突增时间为 2002~2008 年，创新这一关键词

的突增时间为2005~2007年，评价指标体系这一关键词的突增时间为2006~2012年，绩效评价这一关键词的突增时间为2008~2010年，自主创新这一关键词的突增时间为2008~2010年，科技创新这一关键词的突增时间为2009~2011年，科技创新能力这一关键词的突增时间为2010~2014年，因子分析这一关键词的突增时间为2012~2013年，农业科技创新这一关键词的突增时间为2013~2016年，协同创新这一关键词的突增时间为2013~2017年，风险投资这一关键词的突增时间为2014~2015年，影响因素这一关键词的突增时间为2018~2020年，它们都是具有突增现象的关键词，并且会对未来研究有一定的借鉴、铺垫作用，如表2-6所示。

表2-6　硕博论文中关于科技协同创新相关热点突增关键词

关键词	突增强度	起始时间	结束时间
技术创新	4.4958	2002	2008
创新	4.6994	2005	2007
评价指标体系	3.3297	2006	2012
绩效评价	3.2227	2008	2010
自主创新	5.5394	2008	2010
科技创新	6.4798	2009	2011
科技创新能力	4.9749	2010	2014
因子分析	3.2614	2012	2013
农业科技创新	5.0212	2013	2016
协同创新	7.8470	2013	2017
风险投资	3.1778	2014	2015
影响因素	3.2847	2018	2020

二、基于大数据的国内外“产业融合协同创新”相关研究动态与热点分析

（一）基于大数据的国外“产业融合协同创新”相关研究动态与热点分析

SCI“协同创新并含产业融合”（Industry Convergence and Collaborative Innova-

tion）知识图谱分析如下：

（1）SCI 发文量趋势分析。

国外关于 Industry Convergence and Collaborative Innovation 的研究起步较早，在 2006 年相关文献开始在 SCI 少量出现。其中，2006~2015 年，关于产业融合协同创新的发文量在每年 30 篇以下，直到 2016 年开始，发文量突破了每年 30 篇，最高达到每年 70 余篇。由此可以看出，国外关于产业融合协同创新的研究已成为一种热点趋势，如图 2-10 所示。

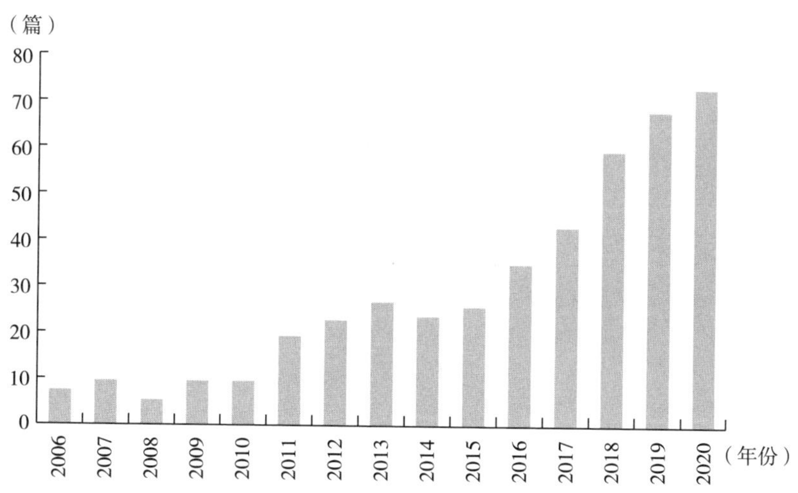

图 2-10　SCI 中关于产业融合协同创新的年度发文量

（2）SCI 关键词知识图谱分析。

产业融合协同创新在国外有些研究中是用“Collaborative Innovation & Science and Technology”进行阐述的，由于产业融合协同创新在国外研究文献中数量相对较多，我们选取 2000~2020 年作为文献检索的时间范围，在 Web of Science 上以“Collaborative Innovation & Science and Technology”为主题搜索相关的 SCI 文献，共检索到相关文献 689 篇，借助 Citespace 软件获得相应的知识图谱，如图 2-11 所示。

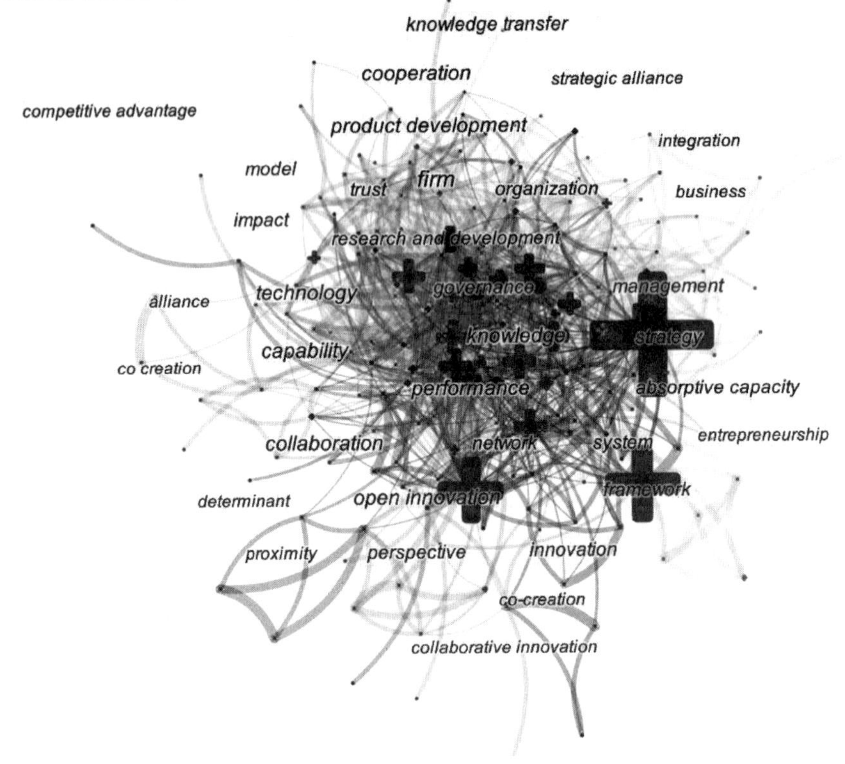

图 2-11　SCI 中关于产业融合协同创新关键词的知识图谱

产业融合协同创新相关研究涉及科技、创新、协同等多个方面。其中，节点较大的关键词有 performance、open innovation、knowledge、network、research and development、stategy、framework、governance、management、collaboration、organization、technology、innovation 等，这些中心中介性较高的关键词是各个相关研究热点领域的桥梁，可以连接不同的研究领域和研究方向，在整个研究领域中起到了主要的联系作用。与此同时，这些具有较高中心中介性的关键词也在一定程度上反映出相应领域的研究热度，表明这些关键词的研究热度较高且在研究领域中处于前沿的阶段，如表 2-7 所示。其中，collaboration 的中心中介性为 0.16、performance 的中心中介性为 0.11、open innovation 的中心中介性为 0.13、network 的中心中介性为 0.10、governance 的中心中介性为 0.08。

表 2-7　SCI 中关于产业融合协同创新相关关键词的中心中介性

排名	共现频次	关键词	中心中介性
1	39	collaboration	0. 16
2	30	open innovation	0. 13
3	30	firm	0. 13
4	74	performance	0. 11
5	44	network	0. 10
6	24	technology	0. 10
7	19	cooperation	0. 10
8	41	governance	0. 08
9	22	production	0. 08

（二）基于大数据的国内“产业融合协同创新”相关研究动态与热点分析

1. CNKI 中 CSSCI 和核心期刊“产业融合协同创新”知识图谱分析

（1）CSSCI 和核心期刊发文量分析。

国内关于产业融合协同创新的研究起步较早，2015 年，CSSCI 和国内核心期刊的发文量已经达到了 150 篇，在 2016 年到 2018 年这一期间内，关于产业融合协同创新主题的文章年度发文量开始有所下降，且在 2018 年的发文量达到最低，在 2018 年到 2019 年，发文量开始慢慢地增多，因此，关于产业融合协同创新的发文量在近五年内虽有波动但总体的发文量是比较高的，从图 2-12 中我们可以看出，近几年国内 CSSCI 和核心期刊中对于产业融合协同创新的研究维持了一定的热度。

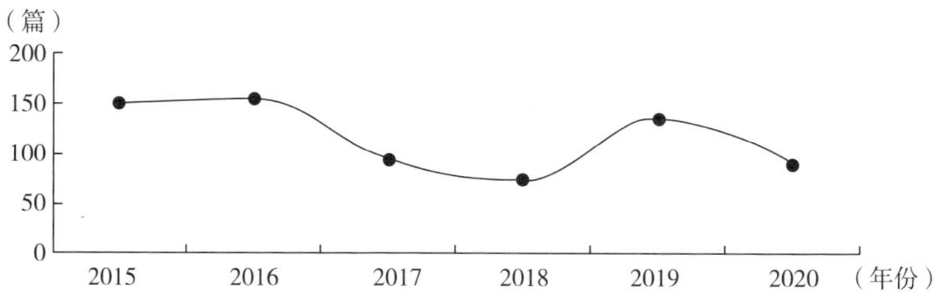

图 2-12　CSSCI 和核心期刊中关于产业融合协同创新的年度发文量

通过对 CSSCI 和核心期刊中不同关键词发文量进行分析我们可以看出，协同创新的文献数最多，达到了 179 篇，紧随其后的分别是创新绩效、科技创新、产学研协同创新、创新主体、影响因素、京津冀、产学研合作等。由图 2-13 可以得出，国内关于创新、产学研相关的文献发布数量还是相对较多的，研究热度处于相对前沿的状态。

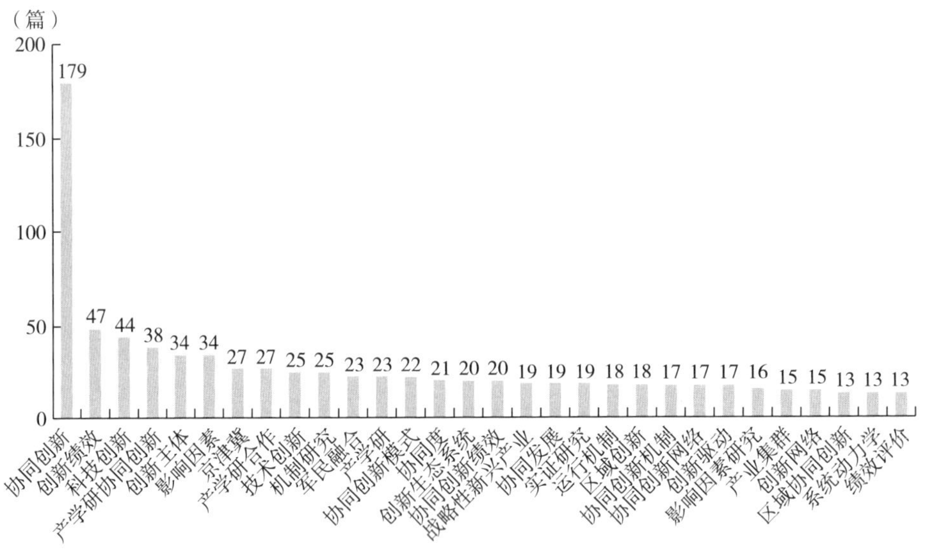

图 2-13　CSSCI 和核心期刊中关于产业融合协同创新相关主题的发文量

（2）CSSCI 和核心期刊关键词热点分析。

产业融合协同创新在国内研究文献中数量很多，我们选取 2015~2020 年作为文献检索的时间范围，在中国知网（CNKI）上以“产业融合协同创新”为主题搜索相关的 CSSCI 文章和核心期刊文献，共检索到相关文献 796 篇，借助 Citespace 软件对检索到的相关文献进行可视化分析，获得相应的知识图谱并进行分析说明（见图 2-14）。

从图 2-14 中可以看出，国内对产业融合协同创新的相关研究主要有以下关键词，分别是协同创新、科技创新、技术创新、协同、产学研合作、京津冀、协同发展、粤港澳大湾区等，并且从图中还可以看出，关于产业融合协同创新这一

关键词的相关研究聚类较为明显，主要有三大角度：一是从协同创新角度，研究它的内涵、发展和地位；二是从科技创新角度，研究科技对于产业融合创新协同发展的驱动作用与意义；三是从企业角度，研究企业在产业融合协同创新、产学研融合环境下产生的效益与发展。

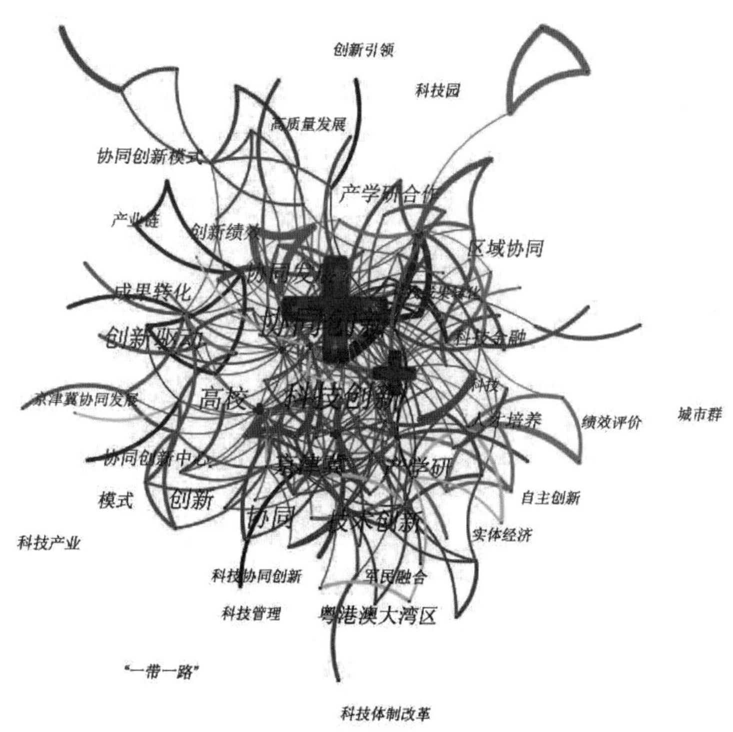

图 2-14 CSSCI 和核心期刊中关于产业融合协同创新关键词的知识图谱

从表 2-8 中可以看出，协同创新、科技创新、高校、京津冀、产学研、协同发展、创新驱动、技术创新等关键词具有较高的中心中介性，这些关键词是产业融合协同创新研究领域和相关研究方向的桥梁，对产业融合协同创新的研究起到了一定的推动作用，在整个研究领域中起到了主要的联系作用。以上的这些热点关键词在产业融合协同创新领域研究中占有十分重要的地位，同时也说明了该领域的研究热度较高，处于研究的前沿阶段。

表 2-8 CSSCI 和核心期刊中关于产业融合协同创新相关关键词的中心中介性

排名	共现频次	关键词	中心中介性
1	205	协同创新	0.69
2	87	科技创新	0.47
3	25	高校	0.22
4	20	创新驱动	0.17
5	22	产学研	0.13
6	24	京津冀	0.12
7	21	协同发展	0.10
8	17	技术创新	0.10
9	14	协同	0.10
10	9	成果转化	0.10

从 CSSCI 和核心期刊文献的产业融合协同创新研究领域可以看出，主要热点关键词的突增性持续时间是不一样的，存在着一定的差异，其中军民融合关键词的突增时间为 2017~2020 年，京津冀协同发展关键词的突增时间为 2018~2020 年，粤港澳大湾区关键词的突增时间为 2018~2020 年，它们都是具有突增现象的关键词，对未来研究有一定的借鉴和推动作用，如表 2-9 所示。

表 2-9 CSSCI 和核心期刊中关于产业融合协同创新相关热点突增关键词

关键词	突增强度	起始时间	结束时间
军民融合	2.3854	2017	2020
京津冀协同发展	2.4446	2018	2020
粤港澳大湾区	3.2315	2018	2020

2. CNKI 中硕博论文“产业融合协同创新”知识图谱分析

（1）硕博论文发文量分析。

通过对硕博论文不同关键词发文数量进行分析可以看出，协同创新、技术创新、企业合作、创新价值的文献数较多，分别达到了 93 篇、81 篇、66 篇、54 篇，紧随其后的分别是创新集群、影响因素、创新发展战略、科研机构、指标体系、经济发展、创新效率、创新要素等。如图 2-15 所示，国内关于协同、创新、

技术相关的文献发布数量相对较多，研究热度处于相对前沿的状态。

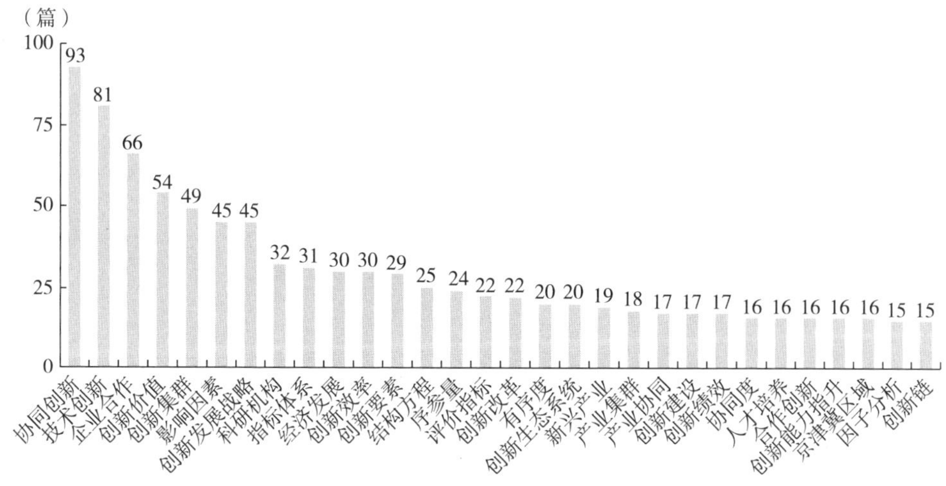

图 2-15 硕博论文中关于产业融合协同创新相关主题发文量

对 CNKI 数据库中主题为“产业融合协同创新”硕博论文的年度发文量进行分析，国内关于“产业融合协同创新”的硕博论文研究成果相对较多，2015~2019 年硕博论文中关于产业融合协同创新的相关研究发文量一直处于 100 篇以上且 2016 年发文量最多，高达 184 篇，如图 2-16 所示。

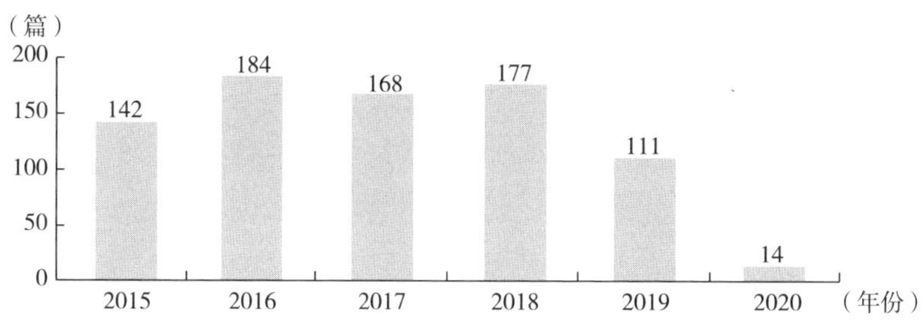

图 2-16 硕博论文中关于产业融合协同创新的年度发文量

（2）硕博论文中关键词知识图谱分析。

国内关于产业融合协同创新的硕博论文研究文献数量较多，我们选取 2015~2020 年作为文献检索的时间范围，在 CNKI 上以“产业融合协同创新”为主题搜索相关的硕博论文文献，共检索到相关文献 1078 篇，借助 Citespace 软件对检索到的相关文献进行可视化分析，获得相应的知识图谱并进行分析说明，如图 2-17 所示。

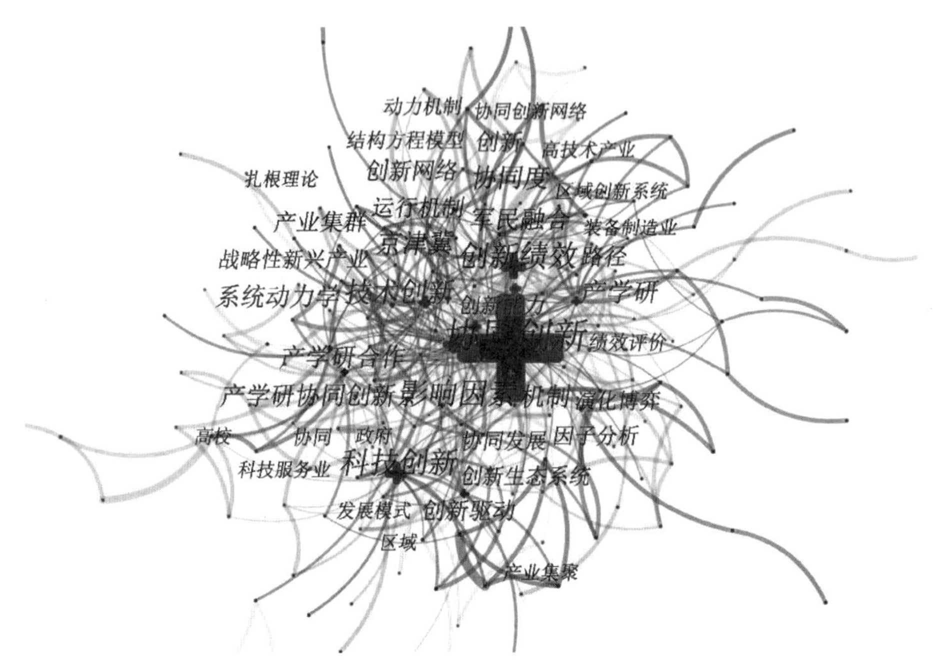

图 2-17 硕博论文中关于产业融合协同创新关键词的知识图谱

从国内硕博论文的相关研究我们可以看出，热点关键词主要有协同创新、创新能力、影响因素、协同发展、科技创新、技术创新、创新绩效、产学研协同创新、产业集群、创新驱动、创新生态系统、协同度、因子分析、系统动力学等，并且从图 2-17 中也可以看出，关于产业融合的相关研究聚类较为明显。从表 2-10 中可以看出，协同创新、影响因素、科技创新、技术创新、创新绩效、产学研合作等关键词的中心中介性较高，这些中心中介性较高的关键词是各个相关研究热点领域的桥梁，可以连接不同的研究领域和研究方向，在整个研究领域中起到了主要的联系作用。这些中心中介性较高的关键词对产业融合协同创新的研究具有一定的推动作用，能够使产业融合协同创新相关的各个领域紧密联系在一起，与此同时，这些具有较高中心中介性的关键词也在一定程度上反映出相应领域的研究热度，表明这些关键词的研究热度较高且在研究领域中处于前沿的阶段。其中，协同创新的中心中介性为 0. 65、影响因素的中心中介性为 0. 19、科技创新的中心中介性为 0. 27、技术创新的中心中介性为 0. 12、创新绩效的中心中介性为 0. 22、产学研合作的中心中介性为 0. 10。

表 2-10　硕博论文中关于产业融合协同创新相关关键词的中心中介性

排名	共现频次	关键词	中心中介性
1	162	协同创新	0. 65
2	42	科技创新	0. 27
3	38	创新绩效	0. 22
4	34	影响因素	0. 19
5	23	产学研	0. 13
6	22	技术创新	0. 12
7	23	产学研合作	0. 10
8	16	协同度	0. 09
9	14	创新驱动	0. 09
10	22	京津冀	0. 08

从硕博论文文献中关于产业融合协同创新主题的研究领域可以看出，产业融合协同创新这一主题在 CNKI 中相关硕博论文的各个研究领域可以反映出不同的研究方向，产业融合协同创新研究领域中有许多不同热点的关键词，其中模式这一关键词的突增时间为 2015~2016 年。除模式外，其他的关键词都不存在年度突增性，说明其他的关键词还有一定的热点研究空间，如表 2-11 所示。

表 2-11　硕博论文中关于产业融合协同创新相关热点突增关键词

关键词	突增强度	起始时间	结束时间
模式	2. 2001	2015	2016

三、基于大数据和 CiteSpace 软件的“核心竞争力”研究热点与趋势

（一）关于 CSSCI 的发文量统计分析

从图 2-18 中可以看出，关于“核心竞争力”的研究时间早于“产业转型升级”，始于 1998 年，从 1998 年至今（2018 年）共为 3885 篇，一直处于波动趋势，近几年产文量也是在逐年下降，研究热度开始有所冷却。

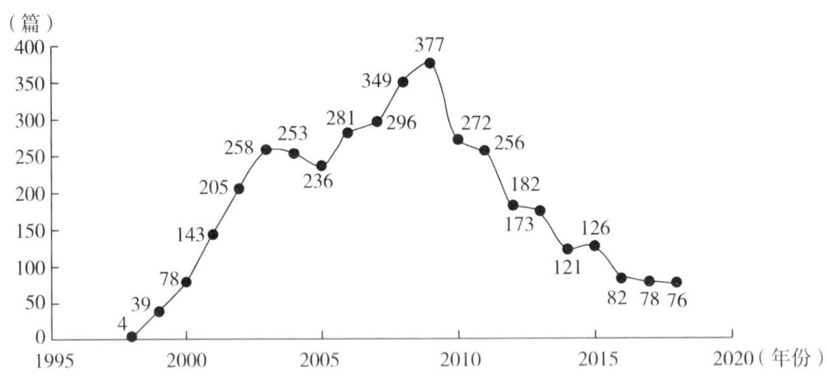

图 2-18　CSSCI 收录期刊“核心竞争力”年度发文量

（二）研究关键词词频热点分析

在对“核心竞争力”研究的期刊论文的所有关键词进行知识图谱分析后，可以看出其研究领域重点分散在各个领域、行业，如产业、文化、媒体、新闻、报刊等（见图 2-19、图 2-20）。由表 2-12 可以看到，“转型升级”的突增强度为 3.2703，处于较高的水平，突增于 2012 年，一直维持至今（2018 年）。这也说明，在“核心竞争力”领域，学者愈加看重“转型升级”的研究，侧面反映出“产业转型升级”“核心竞争力”两个研究领域之间存在交叉，关联度较强，是未来政府关注的重点，也将是学者们研究的重点。

图 2-19　国内核心竞争力研究领域共词分析知识图谱（2009~2018 年）

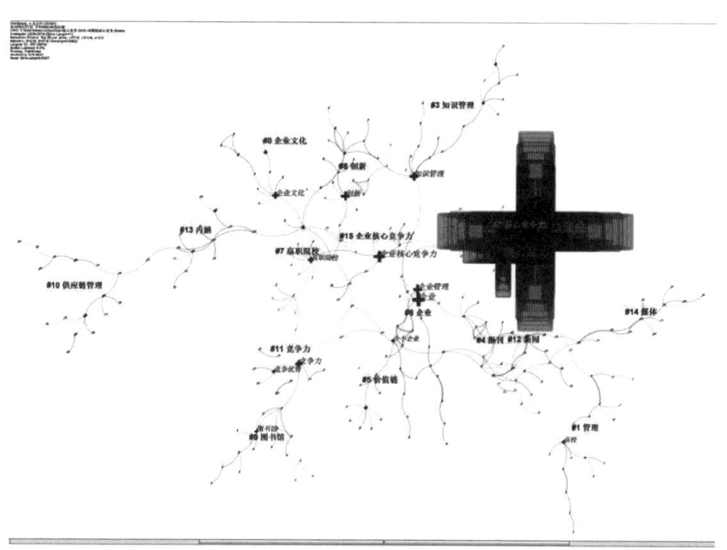

图 2-20　国内核心竞争力研究领域关键词聚类知识图谱（2009~2018 年）

表 2-12 国内关于核心竞争力研究领域突增性关键词知识图谱（2009~2018 年）

关键词	突增强度	起始时间	结束时间
知识管理	3. 382	2009	2010
高新技术企业	2. 6129	2010	2011
竞争情报	2. 6129	2010	2011
提升	3. 5167	2010	2011
物流企业	3. 1084	2010	2011
资源	3. 0682	2010	2011
会计师事务所	2. 6424	2011	2012
内涵	3. 712	2012	2013
产业链	2. 7823	2012	2013
转型升级	3. 2703	2012	2018
文化产业	4. 4864	2012	2014
路径	3. 493	2013	2016
专业核心竞争力	2. 7862	2013	2014
评价指标	2. 5045	2013	2016
学术期刊	2. 5045	2013	2016
报纸	2. 5576	2015	2018
价值创造	3. 0802	2015	2018
人才培养	3. 2084	2015	2018
大数据时代	3. 327	2015	2016
报刊	3. 1875	2015	2016
高职学生	3. 0802	2015	2018
新媒体	4. 4388	2015	2016
传统媒体	4. 6006	2015	2018
案例研究	2. 9154	2016	2018
媒体融合	5. 8401	2016	2018

（三）“核心竞争力”的硕博学位论文知识图谱分析

1. 发文统计量分析

关于“核心竞争力”研究的硕博学位论文开始于 2000 年，2006~2014 年的发文量较大，与期刊论文一样，近几年数量有所减少，热度及势头也都在逐渐下降（见图 2-21）。

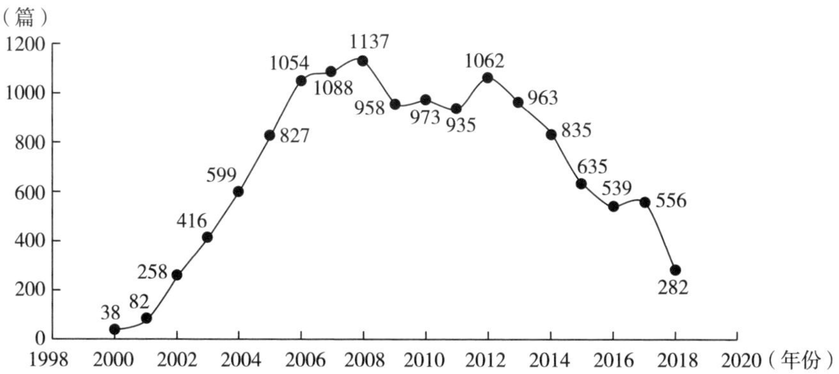

图 2-21　硕博学位论文中关于核心竞争力相关研究年发文量统计分析

2. 研究关键词词频热点分析

对关键词进行知识图谱分析，得出图 2-22。可以发现在硕博学位论文中，对于“核心竞争力”的研究重点，除“核心竞争力”外，还有“竞争力”“战略研究”“财务竞争力”“供应链”等，研究方向不如期刊论文集中，相对较为分散，并且多应用 SWOT 等定性分析方法，缺少定量分析方法。

图 2-22　关键词聚类知识图谱（2009~2018 年）

四、基于大数据和 CiteSpace 软件的“产业转型升级”研究热点与趋势

（一）基于 CNKI 中 CSSCI 期刊的产业转型升级知识图谱分析

基于 CSSCI 数据库，对以产业转型升级为主题，时间为 2009~2019 年的相关文献进行检索，共检索出 524 条相关文献，借助 Citespace 软件获得相应的知识图谱分析。

1. 关键词共现图谱分析

从图 2-23 中可以看出关键词之间的聚类关系，其中几个较大的聚类关系有产业结构：产业新体系、路径选择、产业融合；制造业：路径、技术创新；创新驱动：传统产业、战略性新兴产业、科技创新；产业升级：竞争力评价、科技创新中国制造 2025、供给侧改革。这些聚类都表现出该领域相关研究的研究方向。

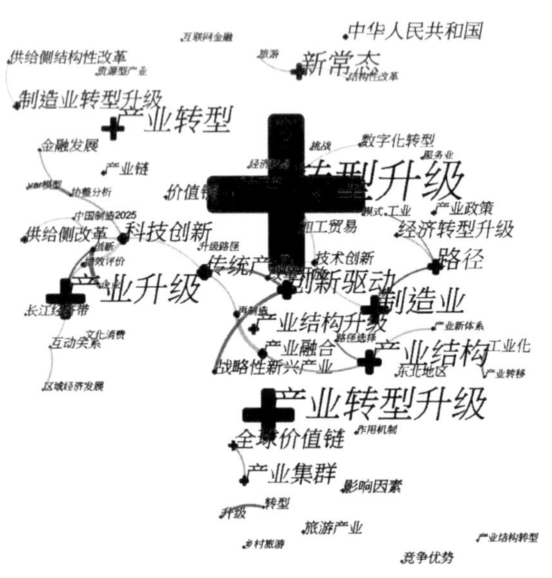

图 2-23 产业转型升级关键词共现图谱

在图 2-23 中，节点的大小也表示了该关键词在相关研究中的重要程度，这些关键词包括转型升级、产业转型升级、产业升级、产业转型、制造业、创新驱动等。这些关键词出现的频次较多，故其节点较大，所以这些领域的研究在这一主题中普遍受到学者关注，在主题研究中属于核心领域。

从表 2-13 中我们可以看出传统产业、创新驱动、科技创新、路径、产业结构、再制造、产业融合、制造业、产业升级等都是中介中心性较高的词汇，它们是连接各个关键词的“中间人”。结合表 2-13 和图 2-23 我们可以看出，该领域的研究主要由以下三个方面构成：对传统产业的改造或者结构调整与产业融合进行研究，通过传统产业改造层面的研究来探究产业转型升级；对技术创新产生的中高端产业进行研究，通过对技术创新的探讨和对其所衍生的中高端产业进行总结和研究，对产业转型升级进行研究；以产业转型升级的路径和竞争力评价为角度，对产业转型升级进行实证分析和研究。

表 2-13　CNKI 中 CSSCI 相关文献关键词中心中介性

排名	共现频次	关键词	中心中介性
1	11	传统产业	1.20
2	19	创新驱动	0.96
3	11	科技创新	0.78
4	15	路径	0.74
5	27	产业结构	0.73
6	2	再制造	0.72
7	6	产业融合	0.71
8	30	制造业	0.64
9	46	产业升级	0.56
10	2	竞争力评价	0.56

2. 基于成果时间的共现图谱分析和关键词突增性分析

图 2-24 展示了基于成果时间的共现图谱分析，从时间上来讲，这些相关研究大致上可以分为三个主要阶段：第一阶段为 2009~2013 年，这一阶段相关研究主要是产业结构、产业转型、产业融合、结构升级，大部分停留在理论层面；

第二阶段为 2013～2016 年，这一阶段的研究着重于研究创新驱动、科技创新、传统产业，主要就运用创新驱动等路径对传统产业如何进行结构调整优化以及新兴产业进行了研究；第三阶段为 2016～2019 年，这一时期由于“十三五”规划的出台、新常态和改革开放进一步深化，集中在新常态下和改革开放深化背景下对产业转型升级的研究上。

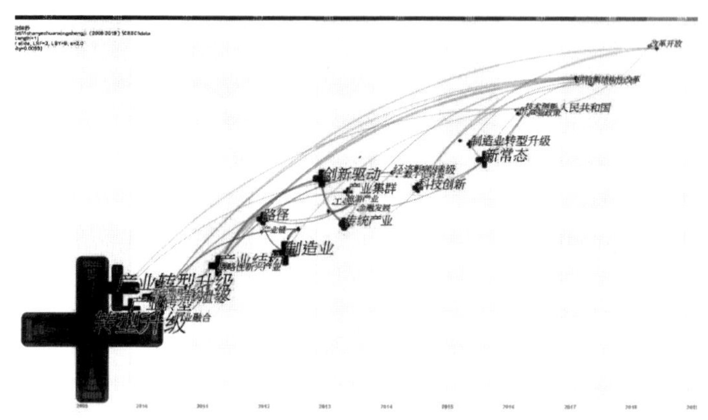

图 2-24　CSSCI 文献中产业转型升级关键词 Time Zone 视图

从表 2-14 中我们可以看出，在这些出现频次较高的关键词中，加工贸易、战略性新兴产业、新常态和改革开放的突增性较为明显，持续时间不一，其中加工贸易的突增时间在 2010 年仅持续了一年，这段时期研究领域内对加工贸易的研究在短时间内较为集中；战略性新兴产业一词在 2011～2013 年有明显突增，时间持续了三年，这段时期，掀起了对战略性新兴产业的研究热潮；新常态一词在 2015～2016 年有明显突增，持续了两年，学界内对新常态下产业的转型升级进行了大量研究；改革开放一词在 2018～2019 年有明显突增，由于改革开放 40 周年，国家和政府提出了新的一系列深化改革方针政策，针对这些政策，学者们对新的改革开放规划格局中产业转型升级进行了研究。这些关键词都代表了其在一定时期的重要性，特别是“改革开放”和“新常态”可能将是未来研究中的重要领域。

表 2-14　产业转型升级关键词突增性

关键词	突增强度	起始时间	结束时间
加工贸易	2. 5686	2010	2010
战略性新兴产业	2. 5857	2011	2013
新常态	3. 4769	2015	2016
改革开放	2. 5460	2018	2019

（二）基于 CNKI 中硕博学位论文的产业转型升级知识图谱分析

基于 CNKI 中硕博学位论文数据库，对以产业转型升级为主题，时间为 2008~2018 年的相关文献进行检索，筛选出 524 条相关文献。

1. 关键词共现图谱分析

从图 2-25 中我们可以看出，产业转型升级的相关硕博学位论文的关键词词频、关键词聚类关系与其在 CSSCI 中的关系大致相同，其中几个较大的聚类关系有产业结构：因子分析、对外直接投资；制造业：路径、互动效应、区域差异；产业升级：技术进步、全球价值链；产业结构升级：金融发展、人力资本。这些聚类也都表现出了该领域主题在硕博学位论文中的重要程度。

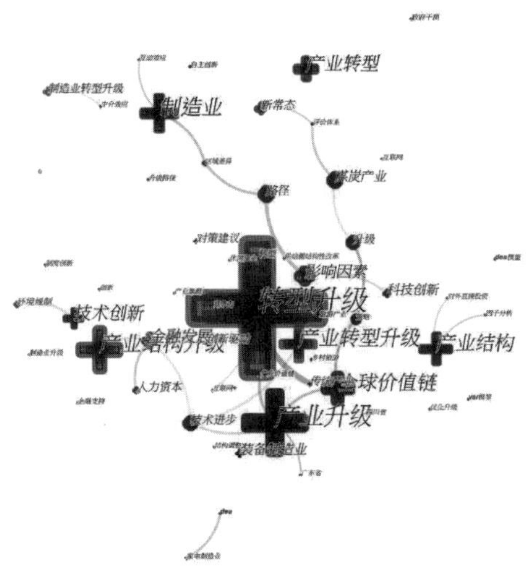

图 2-25　产业转型升级硕博学位论文关键词共现图谱

在图 2-25 中节点较大的词汇与 CSSCI 中的许多关键词也有重合。可以看出这些关键词基本上与 CSSCI 中的关键词相同，但也有一些不同之处，硕博学位论文中更注重产业、区域方面的研究，从图中我们可以看出，金融发展、煤炭产业这两个产业的研究较多；就地区而言，研究区域差异较多。

从前文的中介中心性的分析可以看出硕博学位论文中的重要关键词之间的关系，并且可以看出在该领域的研究中充当连接相关研究的“中间人”角色的重要词汇。从表 2-15 中我们可以看出路径、煤炭产业、升级、产业升级、影响因素、策略、全球价值链、技术进步、转型升级、金融发展都是中心中介性较高的词汇，硕博学位论文研究中中心中介性较高的关键词与 CSSCI 论文区别较大，硕博学位论文研究更细化、具体，往往是对某些地区、某些产业进行了细化的研究，故而与 CSSCI 文献中的高中心中介性词汇不同。结合表 2-15 和图 2-25 我们可以看出，该领域的研究主要由以下几个方面构成：以金融、煤炭等产业或价值链为角度，对该产业的转型升级进行了较为细化的研究，并提出了相关的策略和路径；对产业升级中的各个要素进行研究，探讨了产业升级的影响因素，并对技术创新、技术进步对产业创新升级的影响和作用进行了研究。

表 2-15　CNKI 中硕博学位论文相关文献关键词中心中介性

排名	共现频次	关键词	中心中介性
1	5	路径	1.15
2	6	煤炭产业	1.11
3	4	升级	1.02
4	42	产业升级	0.94
5	10	影响因素	0.94
6	2	策略	0.92
7	19	全球价值链	0.90
8	5	技术进步	0.81
9	82	转型升级	0.59
10	9	金融发展	0.58

2. 基于成果时间的发文量分析和共现图谱分析

从图 2-26 中可以看出，硕博学位论文关于产业转型升级的研究在 2008～

2018 年的发文量是一个较为明显的上升趋势，大致经历了三个阶段：2008~2014 年，这段时期发文量处于缓慢增长时期；2014~2016 年发文量激增，说明相关研究引起了相关领域的广泛关注；2016~2018 年发文量处于平稳期，而且保持较多的发文数量。这一发文数量趋势说明，课题相关的产业转型升级研究，正处在研究日趋成熟的阶段，并且引起了许多硕士、博士的注意，成为研究热点。

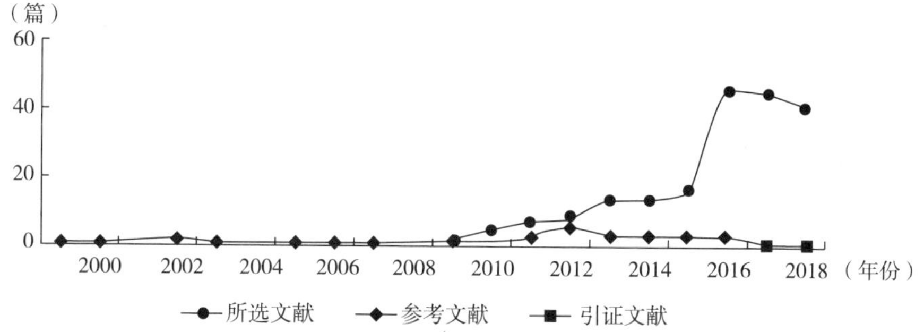

图 2-26　产业转型升级硕博学位论文发文量分析

从图 2-27 中我们可以看出，这些相关研究在时间上并没有明显相关关系，但大致上可以将其分为两个时期：2010~2014 年，这一时期的研究大多基于产业转型升级的理论研究层面，硕博学位论文的研究相对停留在理论层面多一些；2014~2018 年，从这一时期的文献主要关键词可以看出，对转型升级的研究更加细化，包括了金融业、煤炭产业、装备制造业等。

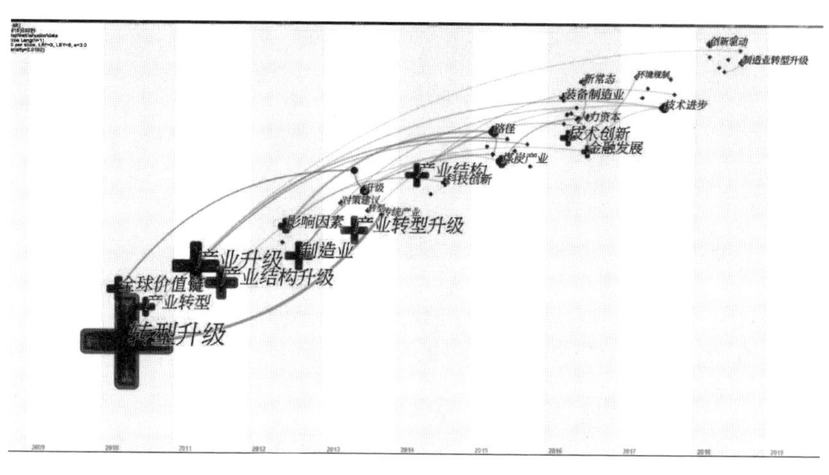

图 2-27　硕博学位论文中产业转型升级关键词 Time Zone 视图

（三）基于 CNKI 中“核心竞争力+产业转型升级”相关文献知识图谱分析

在 CNKI 中检索主题为“产业转型升级”并含“核心竞争力”，时间为 2008~2019 年的相关文献，共检索出相关文献 163 条。从图 2-28 中我们可以看出，在结合核心竞争力的产业转型升级相关文献中，节点较大的词汇有转型升级、核心竞争力、核心能力等，说明这些关键词在该领域研究中较为重要。在这些高频关键词中也有几个较为明显的聚类，如核心竞争力：核心能力、创新、战略转型；产业结构升级：知识产权；全球价值链：产业集群、转型升级。这些聚类表现出了这些研究在该研究领域中的相关情况和重要程度。

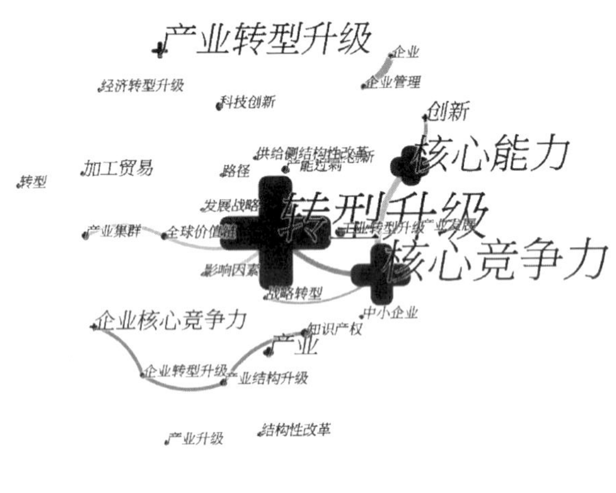

图 2-28　“核心竞争力+产业转型升级”文献关键词共现图谱

从表 2-16 中我们可以看出，在核心竞争力结合产业转型升级的相关研究中，转型升级、核心能力、核心竞争力、工业转型升级、知识产权、产业结构升级、产能过剩、全球价值链这几个关键词的中心中介性比较高，它们是各个研究中的“中间人”，但值得关注的是，在该研究领域中，中心中介性前几位的关键词出

现频次也较高，这一方面说明了这些关键词在该领域研究中十分重要，另一方面也间接说明了该领域的相关研究较少，目前正处在研究的前沿阶段。

表 2-16 CNKI 中“核心竞争力+产业转型升级”文献关键词中心中介性

排名	共现频次	关键词	中心中介性
1	63	转型升级	1.32
2	19	核心能力	1.19
3	31	核心竞争力	1.03
4	2	工业转型升级	0.54
5	2	知识产权	0.45
6	2	产业结构升级	0.36
7	2	产能过剩	0.35
8	2	全球价值链	0.35

结合表 2-16 和图 2-28 我们可以看出，该领域内的研究阶段主要分为两部分：第一部分是从核心竞争力角度，研究关于核心能力的构建，从而推动产业转型和产业结构升级；第二部分是从产业能力中对于转型升级有重要影响的能力要素，如知识产权、产业管理等入手进行分析研究。

从图 2-29 中我们可以看出，该领域内的研究大致可以分为三个阶段：第一阶段为 2008~2013 年，这一阶段内的研究主要是从产业核心竞争力、核心能力、核心竞争力以及产业相关能力进行研究；第二阶段为 2013~2016 年，这一阶段主要从技术创新、科技创新、自主创新和产业相关的战略转型和发展战略方面进行研究；第三阶段为 2016~2018 年，这一阶段研究受到国家政策影响，将相关研究结合供给侧结构性改革进行研究，这说明针对供给侧结构性改革的相关研究有可能是未来的重要研究方向。

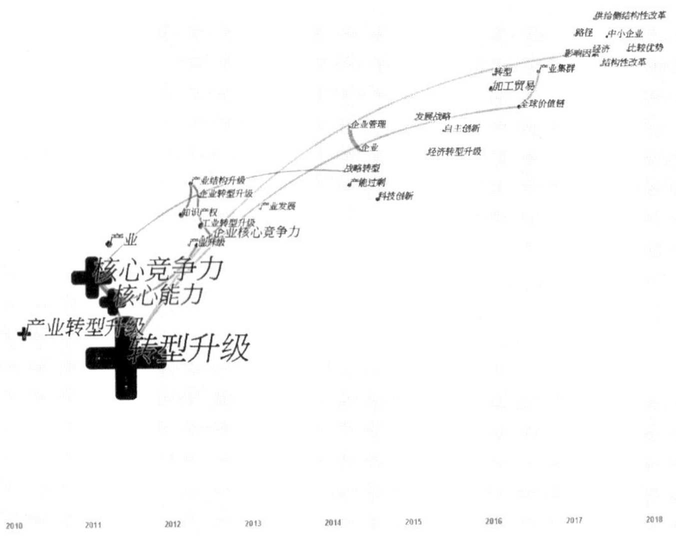

图 2-29 “核心竞争力+产业转型升级”关键词 Time Zone 视图

第三章

相关理论与现实基础

一、产业融合相关理论

（一）产业融合的相关概念

从字面意义上来讲，融合是指把几种不同的，但具有相关性的事物合成一体，使合成后的整体比以前单一的事物更具有价值或效能。就目前来看，各国学者对于产业融合这一概念的定义在世界范围内较为统一。这一概念最早由美国国会技术局于 1994 年提出，它表示“将国防工业基础与民用工业基础有机结合，就会形成一个整体军民两用的大的工业体系”。通过上述观点的表述我们可以得知美国国会技术局认为军民一体化等价于产业融合，并着重强调推进军民技术两用性的重要性，通过产业融合将两个领域相关技术进行沟通实现技术转化与转移，并对产业融合采购体系及科研生产体系一体化的实现不断采取推进措施。产业融合是将国防及军队建设与整个社会体系相联系，包括在经济、技术以及人才等领域的融合，这对促进国防实力以及企业技术提高具有重要作用。产业融合是由当下军用领域以及民用企业多样性发展的时代需求所决定实施的政策，其发展需要双方共同促进完善。该融合体系包含多领域多层面相关内容，涉及资源配置、技术研发创新、管理方法应用、相关战略实施、制度完善、促进社会进步发展，并在这六个层面发展融合基础之上使原有工业体系逐渐得以共享。目前，国内部分具有国家项目支撑的大型军工企业及事业单位逐渐开放共享自身所具备的平台资源优势，与民营企业进行资源流通，民营企业则将其所获市场优势信息反馈给国有企业，双方借助各自优势达到互惠互利的均衡状态。

结合国内外学者关于产业融合的研究成果，本书认为产业融合是指将社会发展、国防建设、军队现代化、企业需求与经济需要相结合，同时将社会发展成果与经济、军队现代化、国防相融合，综合推进国防、科学、经济、教育、技术、人才等融合发展。

（二）产业融合特征

党的十八大以来，各领域就产业融合展开了一系列重要的讨论，对产业融合的战略位置、科学意义、本质特征、目标焦点进行了研究。我国的产业融合事业展现出蓬勃进取的发展趋势，取得了很大的进步。在回顾产业融合发展的历史进程、总结产业融合发展的成功经验、面对未来深化产业融合发展的机会和挑战的过程中，为创造中国特色产业融合新局面，我们必须深入了解并正确把握以下特点。

1. 时代性

当今世界正处在一个巨大的变革、调整和发展的时期。科学技术革命、产业革命、军事革命都在不断地快速推进。随着我国科学技术的不断发展，我国的战略竞争能力和社会生产力以及军事战斗能力三者之间的关系越来越紧密。中国进入了新的时代，需要不断地加强国防军队的建设，建立强大的国家战略体系。

2. 重要性

战略是引导全局的基本方针。党中央将产业融合战略上升到了国家层面，是因为产业融合与我国的经济建设和国防建设密切相关，关系到中国伟大复兴、中国梦的实现，关系到富国强军目标的实现，关系到国家综合实力和竞争力的提升。因此，实施产业融合发展战略具有十分重要的意义。

3. 方向性

走产业融合发展之路，最根本的要求就是要坚持中国共产党的领导，就是要加强党在发展产业融合方面的集中统一领导能力。只有这样，才能遵循正确的方向，完全发挥社会主义制度的优势。显然，产业融合的发展是国家大事。但是我们要记住，中国共产党的领导能力和中国社会主义制度是产业融合统一发展的基

础。如果离开这一点，就会失去灵魂和方向。

4. 全局性

产业融合作为国家战略，贯彻落实、有力推进和坚持产业融合可持续发展的关键是要加强整体意识、凝聚国家利益、坚持国家利益至上、充分发挥举国体制的优势，从而形成军民统一、共同奋斗的伟大力量。

5. 长远性

实施产业融合战略是一项长期计划。我们要在整个过程中推进产业融合发展战略的实施，国防和军队的建设要深入国家经济社会体系，国家要构建统一的战略目标和体系，这在短时间内无法实现，需要长期的努力。因此，我们必须立足当前、着眼长远，科学运筹、顶层设计，精心组织、扎实推进。

6. 系统性

要促进产业融合的长期发展，需要建立包括政治、经济、科学、技术、教育、文化、中央政府、地方政府等多个部门和军队参与的非常复杂的系统。它还面临着产业的壁垒、分割和利益壁垒。为此，要加快形成全要素、多领域、高效益的产业融合深度发展格局。

7. 引领性

改革开放 40 多年来，尤其是近年来军事产业领域的产业融合进入了新阶段，从军工业扩大到经济社会、国防和军建的多个领域。现在，产业融合正在向外扩展并向前延伸，更加注重从源头、从基础、从资源上融合，特别是新兴高科技产业，对整个经济社会尤其高科技产业，都具有巨大的引领、带动、示范和促进作用。

8. 创新性

实施产业融合发展战略、走中国特色产业融合道路以及经济建设和军事建设的发展模式，要在改革体制、机制、组织和管理方面进行重大创新。如果没有创新，产业融合的发展就会失去活力和动力。

9. 实效性

我国的军事建设已经从数量型转为质量和效率型，从人力密集型转向科技密集型。为了实现产业融合的发展战略，必须适应国家经济建设和军事建设变革与改革的新情况和新要求，只有在国家综合实力强的时候，国家才能有地位，国家才能有尊严，人们才能有幸福。

10. 开放性

从某种意义上说，产业融合的发展是以开放性、综合性为前提的合作。特别是新兴产业的产业融合，必须从一开始就强调开放性、综合性、资源共享。因此，只有强调开放性，才能形成产业融合的强大优势和综合实力。

11. 以经济建设为中心

产业融合的目的是使国防科技建设为促进我国经济建设做出应有贡献，区别于利用经济建设壮大国防建设，因此整个过程应以经济建设为中心，促进企业技术进步以提高经济市场结构多样性。国防建设应围绕经济建设这个中心并为之提供技术人才支持，以便借助经济建设成果发展壮大国防科技实力，获得物质资金支持。

以经济建设为中心并不意味着要削弱国防科技实力投入，两者均要前进发展，经济基础是国防科技进步的坚实物质基础以及发展前提，强劲国防实力是经济建设的重要安全技术保障，二者的发展是相辅相成的。

12. 科技创新持续提高

产业融合的实现为整个经济技术市场带来创新活力，军民技术的交流可以弥补众多企业掌握较为薄弱的技术空缺，并为其提供人才资源，从而促进企业技术创新能力的提高。国防科技的创新能力源于对不同军品的功能品种需求，军用产品需要具备前沿性、精细性和高标准等功能要求，这就需要国防相关技术研发人员具备较强的创新观察能力，以提高国防技术实力。

军品研发具有前瞻性与挑战性，因此相关技术具有领先于市场发展现状的优势，产业融合也正使部分军工技术投入民用产品研发生产中，为其注入具有军工特色的技术能力，军用技术与民用技术的融合促使企业创新能力得到提高。

13. 技术通用性

产业融合过程中一大重点就是技术应用创新，随着国际形势趋于稳定以及社会持续发展，社会生产力与军用技术生产之间逐渐建立关联。为满足国家经济社会发展需要，军用以及民用技术融合度越来越高，高精尖技术通用性特点越发明显，在满足军事化需要的同时，又能给技术带来商业化价值，在市场经济中占据相应份额。

14. 产业间具有强关联性

虽然国防建设与经济市场是国家两个不同发展领域，但其发展内容具有部分相似性，如海军部队建设与我国海洋航船建设、空军部队建设与我国航空航天建设、侦察部队与我国无人机市场扩展等方面都具有密切联系。目前，我国在无人机和人工智能两个领域的产业融合发展处于领先优势，军用技术的融入为上述两个领域注入技术活力，并不断与民用市场实现紧密结合。

由此可知，军用及民用产业在众多研究领域内具有强关联性，但目前我国产业融合所涉及领域范围仍较狭窄，需要继续探索融合以推动军民产业实现多领域相关。

（三）产业融合影响因素

从宏观上来看，影响产业融合的因素主要是国家政策法规的支持程度、经济的发展程度、市场机制的完善程度。

1. 国家政策法规支持影响产业融合

为了推进国防科技和产业融合的持续发展，必须制定科学、合理、系统的政策法规，形成面向产业融合的科技协同创新机制，以便有效推进产业融合。为了把军用企业的优势结合到经济发展上来，实现产业融合，要依靠军用企业的研发能力、资源储备、技术水平、制度科学化水平的大力支持，而制度的支持对此非常重要，科学制度的构建和实施，在很大程度上依赖于相关的政府规章制度和政策。因此，实现产业融合是与国家政策法规分不开的。

2. 经济发展程度影响产业融合

产业融合和经济发展相互作用。产业融合支持经济发展，经济发展决定产业融合的程度。一般来说，随着技术水平的提高和经济的发展，产业融合所需的空间也会越来越大。此外，资金支持力度对产业融合的推进具有重要意义。随着社会经济发展水平的不断提升，国家为产业融合进程发展所提供的财政支持也会不断提高。上述两方面因素的共同作用使经济对产业融合产生重大影响。

3. 完善的市场机制影响产业融合

需求方向的引导往往需要完善的市场机制，完善的市场机制通过市场中各主体间的良性竞争将创新成果转化为经济价值，并为创新主体提供更多新的市场发展机会以提高主体附加价值。完善市场机制的另一大作用便在于通过各组织间的合作解决资源不足、分配不均衡问题。因此，在产业融合创新协同发展过程中，宏观因素发挥着极为重要的作用，因此宏观因素参与的重要性及必要性不可忽视。

从中观上来看，影响产业融合的因素主要有信息的开放程度、科研经费的投入水平。

1. 信息开放程度影响产业融合

信息为多方沟通发挥重要作用，信息的质量决定着各主体间沟通顺畅度，对双方最终沟通结果具有决定性作用。信息的闭塞可能会导致合作终止，因此信息开放性尤为重要，在产业融合科技协同创新机制中，信息开放性体现在多个方面——研究开发、技术成果转移转化、生产分工、资源配置共享等。信息开放性主要涉及三个层面的信息流动：一是军事企业之间信息开放性；二是外部市场环境信息开放性；三是民营企业组织与军事企业之间信息开放性。军工业的信息公开度与产业融合程度之间具有正关联关系。

2. 科研经费投入水平影响产业融合

军工企业独立投资和国家财政支持是军工业科研资金来源的两个重要组成部分。科研资金和经费的投入水平直接决定着一个组织的科研能力，因此科研经费在军事企业技术水平的提高上起着关键作用。科研经费的投入对提高企业科研能力、缩小军民技术水平差距、提高军民技术转移程度及产业融合程度具有决定性作用。雄厚的科研经费实力也会增加企业技术研发信心，免去由于缺乏资金支持而导致的技术不自信及畏缩性，有助于企业吸引高技术水平开发人才、购置开发更为先进的装置、对企业管理系统进行深度开发升级等，有助于提升企业技术自主性及研发动力。由此可见，充足的科研资金对提高企业科研综合能力具有重要意义，有助于高速高质量实现产业融合。

从微观上来看，产业融合体系内部创新能力是面向产业融合科技协同创新体

系的重要因素，而内部创新能力主要指军工类企业研发能力。

1. 企业研发能力影响产业融合

民营企业的研发活动旨在满足消费者需求，抢占市场先机以便提升企业竞争力，而军队的研发一般服务于国家。军事企业在开展科研活动，以及参与产业融合的过程中，为实现与民营企业之间的技术转化和融合，其研发活动已不能局限于核心技术的开发，更需要关注市场发展动态，创造并把握每个机会。因此在融合过程中军工企业不仅需要提高科技创新研发能力和知识技能储备，也需要认准市场发展机会并牢牢把握，为军民两用市场的建立和成熟做出贡献，同体系内部各组织主体共同发展以促进体系成熟。

从涉及的领域上看，产业融合涉及多个发展领域，如人才、技术、物流和经济等领域，各个领域的发展对产业融合整体进步具有重要作用，因此对各相关领域所面临影响要素进行详细分析是十分重要的，方便后续对影响因素进行完善。

2. 产业融合物流领域影响产业融合

物流在输送物资上起着极其重要的作用，物流决定着物资输送供应速度。对企业来讲，物流质量决定着企业供应链成熟度以及生产线能否正常工作；对军方来讲，物流是使部队前线和后勤用品得到保障的重要因素。由此可知，物流技术在军民领域均发挥着较大作用，因此物流领域的产业融合可以实现资源合理利用，减少重叠浪费。

影响产业融合物流领域的一大要素就是与物流相关信息技术的获取，物流不仅涉及简单的物品输送，还包括对运输包裹进行实时监测、录入物品运输信息以及物品分流等，这就对相关技术，如射频技术、定位系统、管理信息系统等提出了较高要求。

3. 产业融合技术领域影响产业融合

首先，科技是第一生产力，也是增强国防科技实力的重要组成部分。技术领域存在较多影响因素，如管理机制，军工企业与民用企业在技术研发方式上存在一定差异，因此在双方共同参与技术研发创新时需要制定合理的管理机制以便双方最大可能发挥各自研发优势。

其次，技术研发面临研发风险，需要大量资金支持以保证研发过程的顺利，如科学研究与实验经费支持（R&D 经费），如图 3-1 所示，我国 R&D 经费支出逐年增高，说明我国不断提高对科技研发领域投入的重视程度。

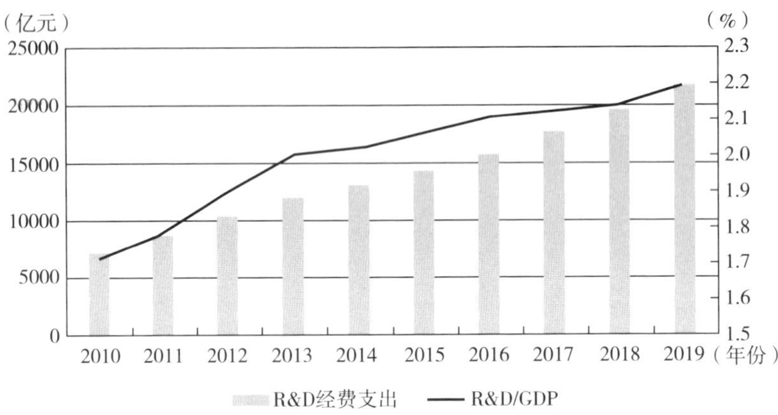

图 3-1　2010~2019 年我国研究与实验发展经费情况

最后，创新是技术不断发展提高的基本前提，技术先进性不仅决定企业生产能力以及在市场中的地位，更代表着国家国防科技实力及国际地位，但创新并非易事，需要进行大量探索试验并符合时代发展趋势，因此创新在产业融合技术领域发挥着不可忽视的重要作用（见图 3-2）。

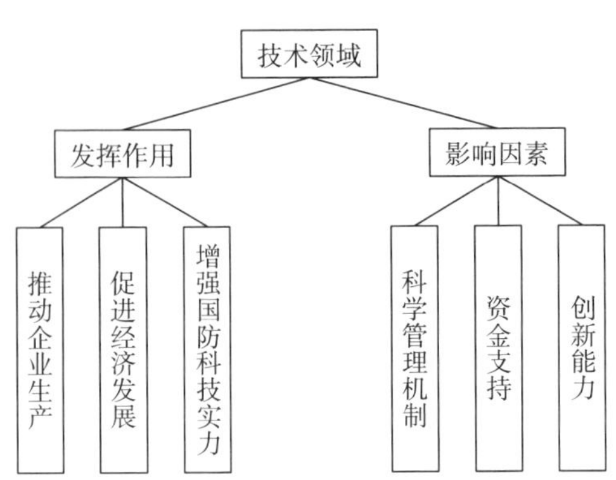

图 3-2　产业融合技术领域影响因素

4. 产业融合人才领域影响产业融合

人才是推动产业融合进一步发展的主要参与主体，人具有较强的主观能动性，在当下信息化智能化时代，拥有一批具备专业知识素养以及军事战略思维的人才对于国家实力积累具有重要意义，因此培养产业融合相关人才是至关重要的。

目前，我国产业融合人才培养机制存在较多问题，如高度依赖高校培养相关人才，领导管理机制较为老旧，缺乏创新内容，容易产生多头领导、人才难以发挥实力和人才流失等问题。以上问题导致我国产业融合在人才培养领域存在投入成本高、效果不理想的现象，融合效果欠佳，这说明要想促进相关人才领域进步就需要对现有制度进行改进，提高人才待遇，促进人才竞争力，创建科学知识融合体系等（见图 3-3）。

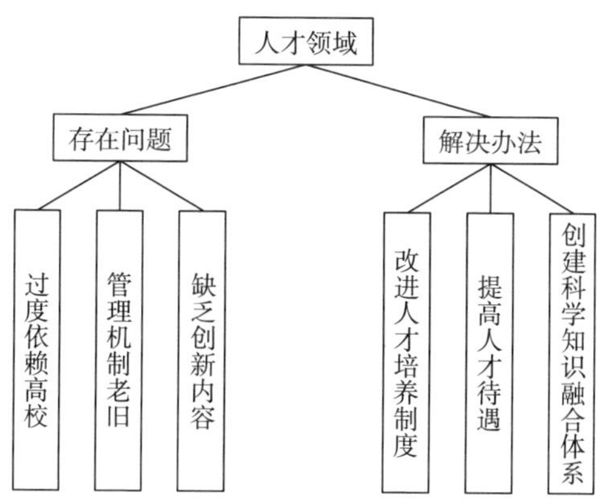

图 3-3　产业融合人才领域影响因素

二、科技协同创新相关理论

（一）科技协同创新的相关概念

1. 科技创新

科技创新是指在相应环境中利用现有技术知识资源，对旧事物进行改进或创造新事物，并能从中获取一定收益。政府、企业、高校及科研机构等组织机构均需要进行科技创新活动，科技创新具体包含三方面的创新：知识创新、技术创新和管理创新（见图 3-4）。

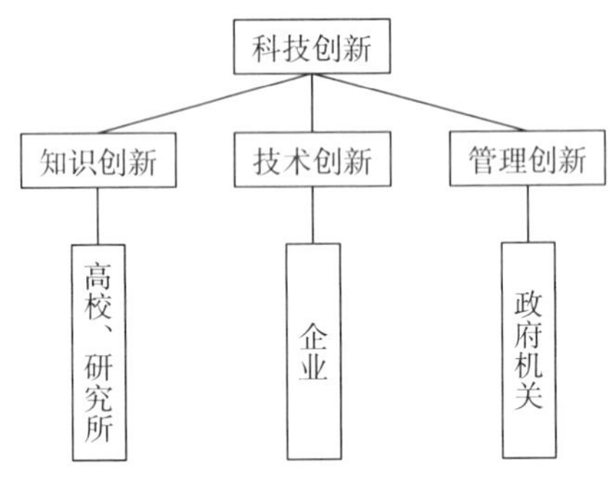

图 3-4　科技创新构成

知识创新是指通过基础应用研究，在探索过程中发现新规律新方法进而创建新学科、提出新学说或创造新方法的过程。知识创新的主要推进主体集中在高校和科研机构等组织机构，这是由该类机构的优势和组织职能性质所决定的。

技术创新是指在科学知识理论和现有资源基础上，对生产技术进行改进或创造新技术。技术创新可以提高企业生产效率及收益，因此企业在科技创新方面的重点是改进技术创新以提高企业技术实力和竞争优势。

管理创新是指在组织中利用计划、指挥、控制等管理方法对系统资源进行优化，以达到组织管理更加科学合理的目的。管理创新对于政府机关也起着重要作用，主要集中在人员管理以及管理机制完善等人力资源管理方面。

2. 协同创新

协同创新主要通过政府、企业、高校以及其他知识研究机构之间进行大型合作进而达到使知识增值的目的。协同创新的完成过程主要是国家地方政府机构进行引导，企业和高校等通过整合各自知识技术资源，形成更为强大的资源优势体系，实现科技创新以及技术应用产业化。

随着科技创新难度不断提高，原有科技创新制度体系无法与当下科技发展形

势相匹配，这也促使协同创新制度的出现。该种创新组织模式对提高国家自主创新能力具有重要意义，协同创新的应用加强了产、学、研等领域的深入沟通，打破学术界限，促使我国科技创新体系改善资源重叠浪费、低效高成本等问题。在科技经济全球化形势下，合作成为促进科技创新的一大推进要素，因此协同创新机制符合当下发展态势，提高了创新主体的积极性和创新能力。

科技创新与协同创新的共同目的都是创新，进而提高技术生产能力、促使知识增值以及组织管理体系科学化，但两种创新机制还有较大差别，例如：科技创新强调的是三个领域通过各自创新而得的最终结果，整个创新机制相对来说较为分散，整体性不强；而协同创新则注重不同领域之间的外部合作创新，进而结合各自优势以使创新能力得到提升，创新过程整体性较强，创新效率较高。科技创新是协同创新的基础，协同创新则是科技创新的提高与完善。

3. 科技协同创新

科技协同创新是从整体和系统上将协同合作整合到科技创新过程的每一个环节和层面。目标是使出现一种独立且单一的组织或者个体无法解决，需要实现整体规模协同创新的效果。科技的协同创新，其主要是在合作创新层面上的升华和进一步发展，同时突出科技的创新和合作开发研究，它主要的导向是知识价值的提高，同时以高校、科研院所、政府、企业等作为支撑基础来实现价值的创造，最终实现知识的整合和创新。本质上，协同创新可以分为内部协同创新和外部协同创新，如表 3-1 所示。

表 3-1 协同创新的形式

协同创新的形式	
内部协同创新	其大部分是依靠产业组织本身连同其内部方式一起实现完成的，它的重要特点主要是每个主体能够拥有相同的发展目标和一起合作的动力，同时也能相互进行联系沟通。而且，在资源平台的帮助下，可以在很多方面进行交流，同时也可以执行各种合作形式
外部协同创新	是通过以企业、大学、研究机关为首的产业组织和外部组织的交流来实现的。企业、研究机构、大学三个基本主体依靠政府、金融机构等相关部门的帮助，利用自己的有利资源，实现技术开发的协同创新

协同创新的概念可以从多个层次进行理解，如表3-2所示：

表3-2 协同创新的多层次理解

协同创新的多层次理解	
宏观层面	为了避免重复浪费创新资源，政府必须有一个全面的计划来改善整个体系，这也需要建立相关部门之间对应的沟通协调机制
中观层面	提高知识系统的协调创新、区域经济、市民合作，以及平台、中介、金融等各个服务部门之间的合作、促进与交流
微观层面	主要看企业、科研机构、研发组织、大学内部的协调，尤其是创新产业链的上、中、下游组织之间的合作，强调科研人员如何相互帮助、项目组间如何相互配合、学科组间如何相互补充等具体的问题

协同创新对象主体是整个复杂的大系统，它是由多个要素和子系统组成的，这是实现产业融合发展战略可持续发展的关键。

（二）科技协同创新特征

1. 形成完整体系

科技协同创新机制将不同领域组织相联系，形成一套组织体系，加强各组织之间的交流沟通，分享各自所擅长的知识技术优势，以便协同推动技术创新发展。在协同创新组织中各机构均扮演着不同并重要的角色，例如：政府机构时刻关注国际政治经济形势，为企业等提供信息以引导企业发展，以便企业找到正确创新方向；高校及科研机构则依靠知识研究体系优势为整个创新过程提供科学理论及方法，为企业具体技术研发提供基础知识；企业结合政府、高校等所提供的信息及知识资源进行技术改进与开发，进行符合市场需求的科技创新。

整个科技协同创新体系具备较为完整丰富的成员结构，各成员具有不同优势也决定着其在体系内所发挥的职能有所不同，使体系功能相较于其他体系更为完善，在执行科技创新任务时可以快速解决更多困难。

2. 减少资源重叠

资源重叠主要指企业各部门因缺少沟通交流而产生企业已有资源的重复购买获取，进而增加企业生产成本的行为现象。在各机构组织独立进行科技创新研发

过程中，其与外界沟通交流较少，因此在对资源的使用获取上会产生大量重叠浪费，增加创新成本。

由于科技协同创新机制使各机构实现大跨度整合，因此各机构需要将拥有的资源进行整合，如人力、知识技能等资源，从而避免各机构为获得相同资源而产生的资源重叠浪费，实现整个组织所需获取的资源成本降低，如图 3-5 所示。资源重叠浪费产生的根本原因是沟通的欠缺，因此资源重叠不仅增加整个组织的生产成本，还对组织内部各成员的团结凝聚力产生影响。

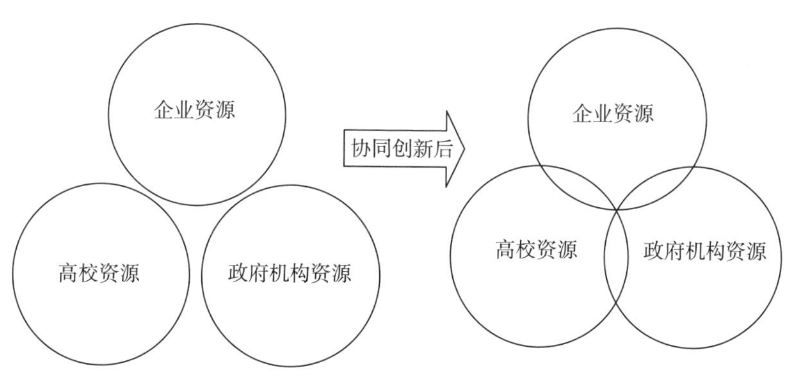

图 3-5　协同创新前后资源使用情况

3. 运行效率高

科技协同创新机制具备较为科学的组织结构体系以及开放性、网络化等特点，能够形成科学性、整体性的完整系统，因此可以解决各机构内部存在的运行缺陷和职能分配缺少科学性等问题，科技协同创新机制的应用会有效提高创新效率、降低投入产出比并达到高质量科技创新。

此外，该机制能够提高运行效率是因为有多方协同参与，政府机构的指导作用、企业强劲生产执行力和高校知识科研能力，各机构等同于整个系统的各个子系统，发挥各自职能作用，从而形成一套完整有效的运行体系。

4. 整体性与动态性

协同创新所针对的对象是整个系统，而不是某个单一的要素。科技协同创新机制自身是进行连续不断更新的。科技协同创新主要是由企业、政府、高校和研究院所，连同中介部门和用户进行技术创新，进而促进各自的优势发挥，从而实现各部分的优点互补。

5. 隐蔽性与开放性并存

一方面，产业作为系统，其融合技术的协同创新具有开放性这一基本特性。在技术转移与知识交流的系统运行过程中，技术、知识、信息、人才等创新要素是不断更新、交流、互换的，在此过程中除来自军民两个领域的知识交流、技术转移、信息互动，系统同时还受到外部复杂环境的影响，需要通过外部要素协同的方式来增强创新技术的科学性、适应性、可操作性和灵活性。另一方面，为了满足国家战略开发和国家竞争力提高的需要，国防科学技术领域中存在一些特殊的知识产权，不能向外界公开，有很强的隐蔽性。

6. 循环互动性

协同创新模式为军民和公用领域的革新提供了学习载体。在协同创新的过程中，知识、技术和其他因素不断流动、相互作用、相互融合和创新，促进了资源的合理流动与共享，形成了循环交互的学习机制，使创新主体产生循环和乘数效应。通过技术知识的循环交互，企业、大学、科研机构可以将交互知识吸收到自己的技术开发中，以实现创新能力和竞争优势的快速积累和提高。

7. 辐射扩散性

产业融合技术协同创新追求整体效果，其基本目标是实现产业领域的军事和民用技术的统合，有效地释放军事和民用技术革新的活力。在国家战略的指导下，产业融合协同创新整合了技术革新的力量，共同服务国防与经济建设。各领域的主体分别产生作用时，会对整个领域都有很强的辐射效应，各领域的协同作用一定大于所有部分的总和。技术和知识的辐射扩散效应对整个产业和区域经济的发展具有重大意义。

8. 双重导向性

协同创新是战场和市场的相互作用，其双重导向是以国家安全形势为源头的军事技术创新与以经济形势为导向的民用技术创新。随着国家安全形势和经济形势的持续变化，需要及时、敏感地反映市场和战场的需要，同时进行创新活动。

另外，为了实现融合与协同创新，在技术革新资源有限的情况下，需要调整创新模式、资源分配、平台等的制度性和政策手段，从而使创新的技术和产品可以更好地满足战场和市场的双重需求。

9. 主体全面协同

创新主体分为三个层次：组织水平、团队水平和个人水平。协同创新要求每个层面的主体行为以及拥有的创新资源必须达成协同。过去，产学研机构在团队层面上的协同创新有一个现象——单层面协同。例如，团队根据外部单位和企业自身的战略目标及能力进行合作，但是没有单位层面的协调革新行动。在整合创新资源和创新系统保障方面几乎没有改革措施，以至于创新效率低、创新成果小。因此，协同创新要求各层面都要协同，都要全心投入，不允许存在配合、辅助主体。

10. 重大需求导向

协同创新的意义在于，协同创新的模式更适合解决国家、工业和社会的主要革新需求。现在，科学、工业、产业的发展呈现出一体化的趋势，需要更大的投资力度并且涉及的学科也越来越广泛，为了实现行业的突破性发展，必须进行多个主体的联合。产业、大学、研究机构之间的联合革新，将打破单一资源和知识的限制，实现系统重叠的协同效应，最终解决国家、产业和社会面临的主要革新问题。

11. 创新持续性

协同是系统外部子系统和系统内部子系统之间的持续调整过程。在这个调整过程中产生了序参数，使系统不断地进行自我演化。过去，我国进行了很多产学研合作创新，但是研究项目一旦结束，项目组的生命就结束了，这导致各单位之间缺乏长期合作和协同效应。企业最终目标是解决短期的技术难问题。因此，在一定的领域和研究方向上形成稳定的长期研究小组是不可能的，而协同创新是解决办法。

12. 知识协同性

科技协同创新最后一个特征是知识协同。产学研（政府）四个主体分别是具有不同知识的异质性组织，它们之间存在知识势差。与企业和政府相比，学术研究机构具有专业知识，企业比学术研究机构和政府有更多的市场信息和管理知识，政府更多的是控制政策资源和政策信息。四方机构天然存在知识协同的优势，进行深度合作和开放创新，不仅是知识的共享，也是知识的创造和创新的过程。

（三）科技协同创新影响因素

由于在科技协同创新机制中有多方参与创新，因此不仅存在影响整个系统的外部影响因素，还存在影响各子系统的内部因素（见图 3-6）。

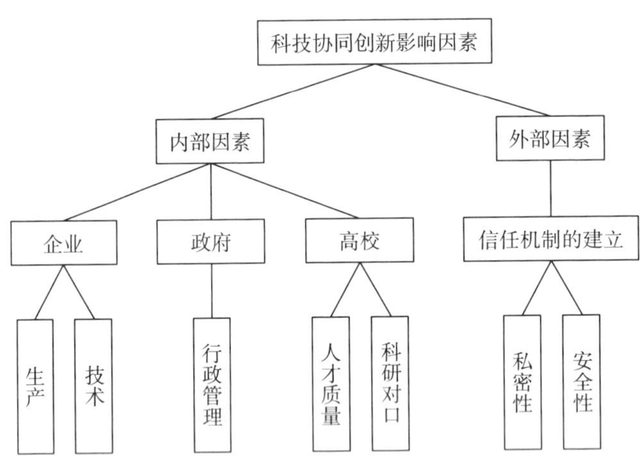

图 3-6　科技协同创新影响因素分析

首先，分析各子系统内部影响因素。企业在科技协同创新方面的内部影响因素主要集中在生产和技术两方面，生产是企业获取效益、维持运营的主要环节，因此生产环节的管理创新十分重要，包括采购、制造、计划等方面的改善创新，企业需要运用精益生产进行管理以达到生产环节实现低成本高效率创新模式。技术是企业在市场中赖以生存的基础，企业要实现可持续发展的一大前提即实现技术创新，技术先进性决定着企业市场竞争力及优势。

对于高校、科研机构等知识研究机构来说，其主要集中于理论知识和方法的研究探索，先进知识理论在科技协同创新中发挥着核心作用，因此高质量人才是

提高研发质量的重要因素。目前我国可以真正在科技协同创新中做出巨大贡献的高校数量较少，该现象出现的原因可能在于高校科研与人才配备不对口，导致科研质量无法得到提高，再者，高校过于重视理论创新而轻视应用在科研中发挥的作用，只有在应用中得以证实通过后的理论方法才算是有效知识资源，因此高校应重视应用在科研过程中的作用。

政府机关的职能主要体现在对国家政治经济及公共事务进行管理，因此其主要在行政管理上进行创新，通过改进人员管理方式实现人力资源的科学应用，使各管理人才在创新过程中发挥各自优势。

其次，外部影响因素主要集中在政府、企业、高校三者合作协调性以及信任度上，如企业是否可以放心与政府和高校交流企业所拥有的技术研发资料并确认二者不会对外泄露，政府能否根据企业及市场现状为其未来发展进行积极引导，高校与政府、企业之间的科学知识沟通是否会存在阻碍因素等，因此三者之间应建立信任机制，确保科技创新相关资料仅可在三者内部传送，确保整个科研过程的私密性和安全性。

通过对科技协同创新系统内、外部影响因素的研究分析，可以找出六种具有代表性的影响因素，分别为：资源因素、环境因素、组织因素、政府引导与监督因素、核心科学家因素、文化与信任因素。

1. 资源因素对科技协同创新的影响

任何组织都不可能依靠拥有的所有技术创新资源来获得可持续的竞争优势。私营企业在经营过程中，有丰富的组织管理和市场竞争经验，并且灵活性较强，但由于与其他类型组织相比缺乏科技创新投资资源，因而其科技创新水平发展受到限制。这些企业需要引进、吸收和再开发相关的科技创新成果资源。一方面，在经营过程中，科技创新系统的整体利用率不高，甚至存在闲置状况，另一方面，从宏观发展上讲也需要地区的优质科技资源的融合与支援。在这一背景下，就形成了对科技创新资源的互补性需求。不同类型组织间资源的共享、需求、协同是组织间资源共享的关键。通过各种合作，不同的技术革新主体克服了自身的缺点，提高了技术创新的规模效应，提升了创新能力，不断地实现了资源共享与利用的最优化。

2. 环境因素对科技协同创新的影响

环境因素是指市场竞争水平和市场化程度、垄断程度、政府制定的相关政策和法律，以及各类平台、中介机构、金融组织等公共机构的创新性市场环境和宏观政策环境。其中，市场不仅从环境上提供了创新发展的导向，也使企业可以不断创新，参与竞争，按照市场规则实现它们的价值，吸收环境创新资源，创新产品。从宏观环境角度来看，市场环境对各主体协同运用创新系统资源的核心影响反映在融资通道的构建、创新和技术中介平台的构建、合作模式中。此外，从微观环境角度来看，市场环境因素反映了企业面向市场环境的运行机制的差异，从而导致其科技协同创新状况的不同。

3. 组织因素对科技协同创新的影响

通过市场重组资产，企业可以不断完善激励和约束机制，形成完善的治理结构。这样的企业系统可以刺激军事和民用科技创新系统的可持续和有益的发展。在技术创新系统的协同运用过程中，科技创新人才的培养、使用和流动可以提高科技创新成果普及的速度，促进科技创新成果的应用和发展。科技创新系统的协同运用需要信息系统的支援，信息不足和歪曲会导致协作失败。

4. 政府引导与监督因素对科技协同创新的影响

一个国家在经济发展过程中，促进产学研三方合作的方式有很多，单纯地依靠市场竞争是不够的，这就需要政府出台相关政策制度来进行扶持。政府在促进创新的过程中起到以下三个方面的作用：第一是要保证信息的准确性。产学研合作的三方主体拥有的资源和各自的优势条件是不同的，三方作为相对独立的主体，有着各自不同的利益诉求，它们所希望的就是在科研、生产制造、教育等环节过程中，实现利益的最大化。第二是优化创新资源的总体分配。国家创新系统的每个创新课题都是根据自己的利益建立的，在利用市场机制来调节整个创新资源的过程中，资源分配效率会随着整体战略目标的减少而降低。第三是规范性制度的意义。合作创新具有很多特性，包括多主体性、知识性等，这些特性决定了创新过程需要严格的规范制度。只有这样，创新的多方主体才可以在创新预期内积极地投资相应的创新资源。

5. 核心科学家因素对科技协同创新的影响

任何组织都有特殊类型的人才，在组织运营中发挥着黏结作用，在一定程度上提高了组织效率。这些核心科学家有可能是组织的领导，或者是中心人物。根据这些人在组织中的作用，他们可以分成三个类别：信息交流者、方向指引者和资源整合者。核心人物承担了这些功能从而可以促进组织的发展。

6. 文化与信任因素对科技协同创新的影响

上述的各种影响因素都属于硬性条件因素，但事实上，协同创新在机制形成的过程中还会受到一系列软性条件因素的影响，其中最具有代表性的就是文化和信任因素。文化是团体成员的共通语言和行动基准，其核心是价值。信任是人与人之间有效沟通的最基本要求。根据信任产生的条件和来源的不同，可以将信任划分为不同的种类，如仁慈信任、制度信任、能力信任等。对组织充分信任可以在一定程度上推动协同和减少交易经费。若成员失去信赖，彼此怀疑，互相设防，则可以想象组织的效率会有多低。组织和外部环境之间信赖丧失会导致组织封闭。因此，信赖是组织应对内外关系的必要条件。

（四）科技协同创新的类型

1. 微观层面：科研团队协同创新

科研团队是一种对科学进行研究的组织，它是基于大科学的背景而产生的，科研团队不仅具有区别普通团队的特点，而且有自己独特的特点。科研团队的一个重要特征就是创新，主要任务是进行科学层面的研究。

科研团队的协同创新包括两种类型，如表 3-3、图 3-7 所示。

表 3-3 科研团队协同创新的类型

科研团队协同创新的类型	
科研团队的内部协同	即团队领导、研究骨干和其他成员，在相关机制和规则的影响下，激发团队的集体智慧，创造更多的科研成果
科研团队的外部协同	这是通过团队之间的合作，突破科研团队之间的壁垒，提高创新效率和创新能力

在如今“大科学”的时代背景下，我国经济和社会发展进程中存在许多复

杂性问题，这就需要我们收集各方面相关信息知识，保证更高效率地解决问题。当前交叉学科和一系列的科学研究不断出现，并且复杂性不断增加，科学研究者需要摒弃从前的独立科学研究模式，转向团队合作的新的科学研究模式，站在巨人的肩膀上通过合作沟通来解决问题，从而进行创新。

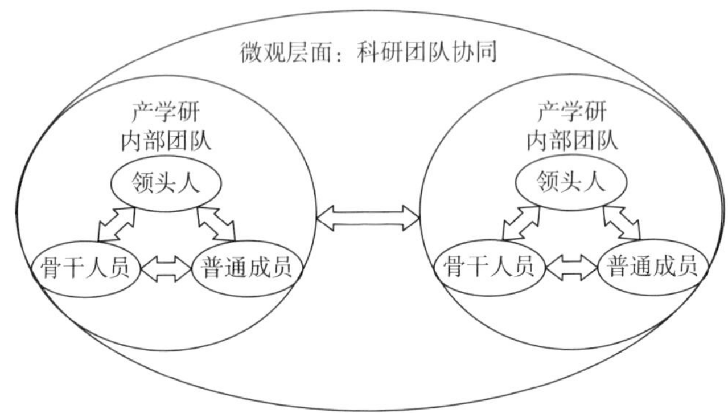

图 3-7　微观层面的科研团队协同

2. 中观层面：产学研协同创新

在经济新常态的社会发展背景下，我们国家现在的经济发展从要素驱动型逐渐变为创新驱动型增长，这是经济一直发展的必然现象。所以，我们国家提出了产学研协同创新的想法，这种方针的提出能够促进我们国家实现创新驱动发展战略。产学研协同创新是指，在企业、高校、科研院所的联合支持下，通过对各机构的要素进行整合来实现创新，从而达到“1+1+1>3”的协同效果，如图 3-8 所示。

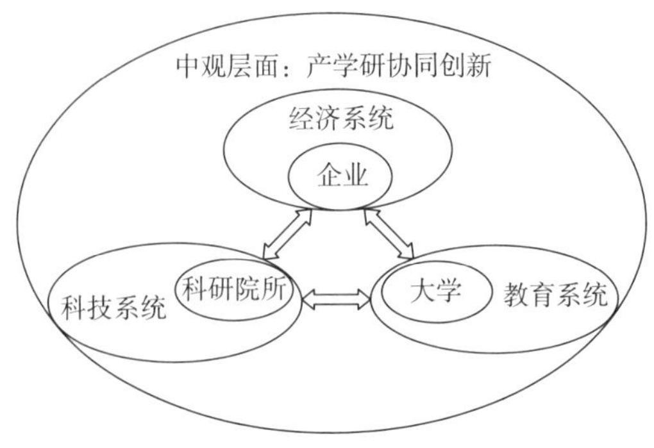

图 3-8　中观层面的产学研协同创新

在科技创新的时代背景下，任何一个组织都不是独立存在的，它们不具备全部的资源和技术支持它们进行创新。产学研协同创新可以帮助企业进行新产品的开发及生产，同时可以为科研机构提供更多的研究资金。因此，产学研三方协同创新成为创新性组织获取创新资源、提高竞争实力的一个重要途径。

3. 宏观层面：科技、教育和经济有机融合

科技、教育、经济三个系统是独立开放的，它们之间产生的协同效果可以说是相互协调、相互依赖、共同发展的过程，如图3-9所示。我国目前所具有的创新型系统包括教育系统和科技系统两大类，两个系统通过改变科技的输入和输出对我国的经济增长产生不同的影响，从而使经济增长又能反过头来对我国的创新体系产生作用。因此，我国的创新系统和经济体系在一定程度上既对立又统一，在发展中相互协调相互促进。

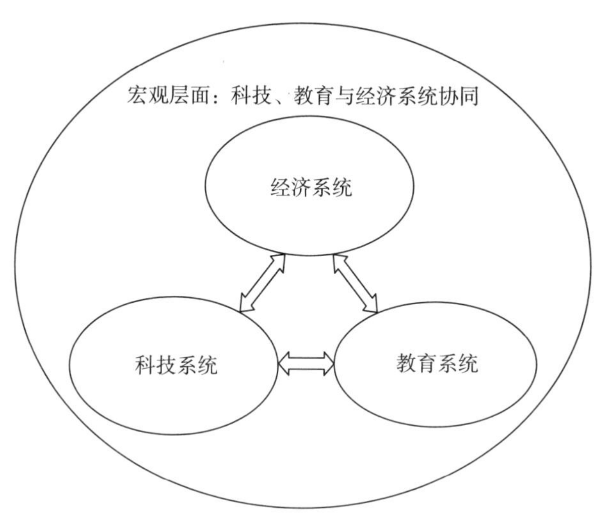

图3-9　宏观层面的科技、教育与经济系统协同

在当前我国的社会发展中，推动社会经济增长的动力从之前的要素驱动转变为科技教育创新驱动，在这一变化过程中，我国大力推进科技教育与经济协调发展。我们可以从以下三个角度进行分析概括，如表3-4所示。

表 3-4 协同创新三个角度的理解

协同创新三个角度的理解	
宏观角度	科学技术与教育和经济系统的有效协调是实现创新的重要基础，也是创新追求的终点
中观角度	需突出产学研三方相互交叉、互相依赖并彼此推动从而产生整体的创新效用
微观角度	应把握科研团队内部的成员依靠各自的能力和优势展开有效协作，进而实现优势互补与合作共赢的特点

三、科技协同创新的竞争力相关理论

（一）竞争力的内涵

竞争力这一概念十分复杂，正是因为这一复杂性才使竞争力这一概念难以标准化，各界很难对竞争力这一概念形成一致的定义与标准。与此同时，竞争力也是一个相对综合性的概念，主要涉及范围为国家之间、地区之间、各经济主体之间的各种经济关系（金碚，1997）。对于竞争力的研究可以从不同的主体进行，按照研究对象的不同，可以将其划分为国家、产业等，这就会相应地形成国家竞争力与产业科技协同竞争力等相关概念。从宏观层面观察，竞争力涉及国与国之间、经济体之间及地区间的经济技术关系。竞争力所涉及的参与者涉及各个层面——国家、地区、产业乃至个体之间等，应运而生的便是科技协同创新竞争力、国家竞争力、企业市场竞争力及个人竞争力等多项概念。在军民融合创新体系中竞争力主要集中在产业层面，因此我们将注重科技协同创新竞争力及企业市场竞争力所发挥的作用。目前，我国对于竞争力的研究大多是停留在产业层面上，因此我们将对竞争力的研究着重放在科技协同创新竞争力上。

国外最先提出竞争力这一概念的是美国的Philip Selznick，他对于竞争力的研

究最开始是用“distinctive competence”作为对企业运用相关战略技能的表述。在后期的竞争力研究过程中出现了很多不同的概念，但对于竞争力的定义始终没有统一。美国在《科技协同创新竞争力总统委员会报告》中提出，科技协同创新竞争力这一概念指的是在相对自由的市场条件下，企业可以向国际市场提供优质的服务与产品，在此基础上提高各自国家人民的生活水平，这种能力就叫作科技协同创新竞争力。Cohen 和 Zyman（1989）提出，科技协同创新竞争力是指一个产业可以保持一定市场地位并且获取相应利润的一种能力。世界经济论坛（WEF）认为科技协同创新竞争力是一家企业能够生产出比市场上竞争企业更多的价值财富的能力。Prahalad 和 Hamel（1990）提出一个产业，其内部独特的、具有价值的产业核心技术才是这个产业的真实竞争力。钱德勒（1994）在对美国、德国、英国的原动力进行研究之后，提出产业组织能力以及在管理模式上的不同，其实是产业的规模经济和范围经济的不同所导致的。葛瑞理提出科技协同创新竞争力是指一个产业和相应的企业家进行产品设计、研发、生产销售的能力，其所提供的产品和劳务的价格与质量能够比市场上的其他竞争对手更具有吸引力。波特（1980）提出竞争力是一个产业为提高经济效益而做出的一系列有价值贡献的活动。

在国内，不少学者也从不同角度对竞争力进行了定义，相关定义的提出集中在 20 世纪 90 年代末及 21 世纪初。陈茂奇（1997）提出科技协同创新竞争力被认为是抢占市场份额及利润的能力水平；刘世锦（1999）认为科技协同竞争力实质为企业对生产要素有效利用的能力；王伯安（2002）提出竞争力就是产业的生存发展能力；范晓屏（2002）提出科技协同竞争力是在企业自身具备的资源技术竞争优势前提下，在市场前期、现期所表现的业务支撑力。竞争力从阐述的层次上看，应该分为宏观、中观、微观三个层面，分别对应的是国家的竞争力、产业的竞争力和企业的竞争力。在这里我们主要讨论的是产业层面的竞争力。

产业的竞争力是其比较优势的体现，具体表现在以下六个方面：一是盈利能力，产业具有在保持市场地位的同时获得超过同行业平均利润水平的能力，这是科技协同创新竞争力的根本体现和归宿，不能持续获得盈利的产业是不可能具备竞争力的；二是市场占有能力，主要指其销售市场对价格的控制能力；三是组织能力，产业具有良好的运行机制，内部组织管理有序，信息传递顺畅，激励机制健全合理；四是核心能力，是产业所特有的难以被模仿的核心技术和技能，这是产业具有竞争力的保障；五是创新能力，产业具有不断创造新技术、新商业模式的能力，这是保障产业具有持久竞争力的关键；六是吸引能力，指具有在要素市场吸引优质要素的能力，这说明产业的要素投入具有更高的回报，这是产业保持和提高竞争力的基础。

（二）科技协同创新竞争力的构成要素和测度指标

在激烈的市场竞争过程中，竞争力的存在是产业存续和发展的关键，许多产业都在努力提高自身的竞争力，那么科技协同创新的竞争力是什么呢？资源派学者认为竞争力是经营资源、文化资源、环境资源和信息资源构成的软资源和科技合作的创新资本资源、科技合作创新的人力资源所构成的硬资源，科技协同创新设施资源、科技资源与原料资源共同构成了科技协同创新的竞争力；能力派学者则认为科技协同创新竞争力是由创造价值、创新与转化能力，以及基本的管理能力和科学协同创新营销能力构成的。

很多学者也提出科技协同创新资源与科技协同创新能力两者相互作用形成了科技协同创新竞争力。聂辰席博士认为科技协同创新竞争力应从三个层面由内到外来理解——内层为竞争有形资产、无形技术资源要素及企业所具备的研发能力，中层为由成本差异而导致的企业所获科技协同创新市场竞争优势，外层则在于企业行为表现及业绩盈利情况。金怀玉（2004）提出科技协同创新竞争力包括多种企业在创新上获取成果的相关能力：经营能力、营销能力、技术研发能力、人力协调能力等。21 世纪初学者陈德铭认为中小型企业科技协同创新竞争力在于对资源整合、市场开拓和技术创新等方面的能力水平。李纲（2007）提出科技协同创新竞争力是指产业争夺有限资源的能力，涉及市场、产品及企业运营效率等，上述三种要素的创新竞争力别从投入、产出、转换三个角度测量了科技协同创新竞争力。即使有较多学者不断对竞争力这个本就较为抽象的要素给出部分具体的科技协同创新竞争力组成因素，但仍缺乏具体分析，无法量化竞争力指标。

因此学者们开始从细化构成因素入手展开研究，并提出竞争力测量指标体系。世界范围内权威性较高的两个竞争力评价机构分别为瑞士的洛桑国际管理学院（International Institute for Management Development，IMD）和世界经济论坛（即WEF），因此IMD和WEF竞争力指标评价体系得以建立。两体系所包含的评价指标有所不同：IMD体系设置了14个软指标、20个硬指标；WEF体系设置了35个软指标，其中包含17个微观市场环境指标和18个产业指标。

而我国科技协同创新竞争力检测指标体系共包含16个指标，包括净资产、净利润、销售收入等资金指标，近3年销售收入平均增长率、R&D占销售额比重等发展指标，公众喜爱度、市场评价等公众影响指标等。自21世纪初便开始有众多学者对竞争力指标构成提出不同观点。王建华（2003）提出应建立九大类指标，包括产品市场竞争力、市场推广能力、技术研发能力、组织运营能力、资金周转能力、可持续发展能力、科技协同创新战略能力和生产能力及经营环境评价；聂辰席（2003）提出企业竞争力指标评价体系应由科技协同创新产出水平、经济效益、企业组织营运状况、风险承担能力、技术创新潜力、生产要素投入水平等指标构成。

（三）竞争力来源理论

1. 竞争力来源的内生论

企业竞争力内生论认为科技协同创新竞争力是由于企业自身所具备的各类因素产生的，根据竞争力产生的内在因素差异又可细分为竞争力来源资源观和竞争力来源能力观。

竞争力来源资源观（Resource-based Theory of Competitive）认为产业的科技协同创新内在资源是构成竞争力的基础。竞争力资源观最早于1959年被提出，彭罗斯（Penrose）认为科技协同创新的主要因素为组织冗余而存在不完全市场，进而充分发挥经济效率作用以便对企业规模进行革新，组织潜在资源便是科技协同创新资源。1984年沃纳菲尔特（Wernerfelt）在彭罗斯的组织冗余理论基础上提出“资源基础观”，沃纳菲尔特认为资源的集合构成企业，而资源又细分为无形资源（如知识产权、技术专利、生产经验等）和有形资源（人力资源、固定资产、交易订单等）。利用资源优势获取科技协同创新竞争力的关键在于企业突破竞争对手所形成的资源壁垒，因此沃纳菲尔特提出资源定位壁垒理论，利用企业战略实现对现有资源充分利用和新资源的创造，所形成的资源优势为企业获取高回报提供机会。

20 世纪 90 年代格兰特（Grant）提出企业外部环境是不断变化的，并且这种环境变化不受企业控制，企业应通过对自身所具备的资源进行控制并获取利润，他认为应从五个维度评定竞争力水平——进入壁垒、企业规模及资源优势、市场垄断能力、产品差异度及成本优势。同时期，巴尼（Barney）总结扩展了竞争力资源观相关理论，并提出资源是指企业现有可控资产、知识技术产权、市场发展潜力及组织过程等，企业战略性资源是支撑企业竞争力的重要组成部分，其必须具备难以复刻性、稀缺性及价值性才能保证企业能够保持竞争力优势。而柯林斯（Collins）则认为只进行企业内部价值评估是不全面、具有局限性的，因此他在 1995 年提出应将企业置身于整个市场中，同市场中各企业主体所具备资源进行比较，通过对比发现企业的独特资源。

竞争力来源能力观（Source of Competitive Ability）主张企业将竞争力作为企业能力的一部分。竞争力来源能力观主要涉及企业的组织能力、知识增值能力及核心能力，我们将对三种能力进行解释：

（1）组织能力。企业组织能力是指在企业发展历史过程中利用规模经济和范围经济作用，所取得的生产、营销及管理能力，是企业自身所具备的生产资料及雇员能力所构成的集合。

（2）知识增值能力。知识增值能力主要主张企业是知识的集合体，知识的积累丰富能够提升企业竞争力水平。该观点最早于 1956 年由彭罗斯在其著作《产业成长理论》中被提出，彭罗斯认为企业是知识集合体，并提出丰富的知识资源积累与企业边界扩张可能性存在紧密联系，新知识的产生积累主要在于经济活动内部化结果，内部化节约了企业稀缺决策能力资源。1972 年理查森在彭罗斯观点基础上进行创新得出“能力”的相关概念，“能力”包括企业技能知识及运营经验，能力是企业活动的基础。

（3）核心能力。普拉哈拉德（Prahalad）等在 1990 年提出核心能力相关概

念，他们的观点同彭罗斯具有相似之处，均认为企业是集合体，而普拉哈拉德等认为企业本质上是能力集合体，这表现在企业所独有的积聚性知识，由企业内部个体、组织及核心产品承载，经过积累使企业获得具备较强市场竞争力的独特资源。核心能力影响因素极为广泛，体现在人文、技术、组织管理、信息获取等方面，其“核心”究其根本源于其稀缺性、难以模仿性。

2. 竞争力来源的外生论

企业竞争力外生理论认为众多企业之间是无差异的，因此外部环境因素是企业战胜竞争企业所需要获取的基础。1977 年哈曼（Harman）等提出竞争是企业为更好地适应环境、满足市场需求而展开的竞争，而非企业之间具有无缘由竞争冲突，当企业能够适应市场环境需求时就具备生存能力，反之就要被市场淘汰。明茨伯格也持有相同观点，他在 1998 年提出环境独特性和组织特别属性的关系，认为外部环境的稳定会促使组织形成规范结构体系，外部环境影响着企业生存战略的制定，能够在市场中长期生存的企业具备强劲竞争力。

迈克尔·波特（Michael Porter）所著的竞争三部曲（《竞争战略》《竞争优势》及《国家竞争优势》）首先打开对处于企业竞争条件下科技协同创新竞争力决定因素，也就是在外部环境中企业如何形成科技协同创新竞争力优势的研究。波特的理论对后人的研究有着广泛影响，他的观点在他提出的竞争力模型中有生动体现：

五力模型指出产业竞争力由五大力量构成，即供应商、消费者、竞争者、潜在加入者和替代产品五要素，该五力共同作用构成企业竞争力。从中也可发现对企业科技协同创新竞争力构成威胁的有新进入市场的企业、竞争企业的同类产品、竞争企业的创新竞争力水平、消费者的价格期望和供应商的价格期望。

钻石模型主要的偏重点是对行业的科技协同创新竞争力的研究，同时又相应地提出了影响产业科技协同创新竞争力的不同因素，其中包括生产因素、产品的市场需求、相关产业、企业制定的战略、政府因素以及行业的微观方面的因素，这些因素最终体现为科技协同创新竞争力的决定因素。

3. 关于竞争力来源的其他相关理论

（1）竞争优势论。迈克尔·波特的竞争优势理论中提出，竞争优势来自为了向客户提供超出成本的价值而进行的产业价值创造。价值是指客户心甘情愿想要支付某种产品或服务的价格，超额的价值为企业提供了独特的优势，从而弥补了比其他竞争公司低的价格所产生的利润缺失。关于竞争优势的波特分析是从价值链的观点来实行价值链的竞争战略，通过制定不同的竞争战略来建立相应的竞争优势。

（2）价值链理论。迈克尔·波特分析了一系列的产业活动，根据产业活动对产业价值造成的不同的影响进行了相应的分类。产业价值活动可以被划分为基本活动（后勤管理、生产、运营、物流、营销、服务）和辅助活动（产业基础设施建设管理、人才管理、技术开发、采购）。

（3）竞争战略。迈克尔·波特提出了三个不同的竞争战略：①成本领导战略。成本广泛分布在产业价值活动中，同时成本又会涉及各种各样的价值活动。成本领导战略是最明确的目标战略和竞争战略。②差异化革新战略。差异化和革新的实施不一定需要采取主要措施，有时为了实现差异化只采取一部分小措施就能实现。③目标集成战略。目标的集合也被称为特殊化战略。集成战略是对不同的产业做出相应的调整，选择一个产业市场，为它们提供相应的服务。集成战略有两种形式：以成本集成战略作为指导，产业在它们各自的目标市场上寻找自身的成本优势；目标集成战略最终应通过成本领导能力和差异化革新战略实施。

竞争因素不同的理论为理解竞争力提供了广泛的背景条件：产业之间在竞争力上的差异不仅来自资源的不均匀性和产业在进行竞争过程中所需要的能力，还会受到一些来自外部市场的影响，例如，政治、经济系统、社会、文化、自然环境等。能够长期生存并且能够连续成长的企业，必须拥有比那些存活期短且实力较差的企业更适应市场需求的优势因素，如资源优势、环境优势、能力优势等。这些不同的优势最终反映在相应的产品和服务上，吸引不同的顾客购买企业生产的产品和服务。在总结了各种关于竞争力来源的理论之后，我们认为竞争力来自以下几个方面：

（1）比较优势。竞争力的初始来源可以追溯到古典经济学的贸易理论，其中比较优势这一理论概念是其意识形态的根本来源。一般来说，竞争力的源泉与背后的因素的差异以及分工有关，在不完全竞争的基础上，范围经济和规模经济

也会相应地成为一种比较优势，因此，企业要想获得这种优势，就必须对自身进行良好的定位。

（2）产业资源容量。产业是通过对资源的汇总形成的集合体。同一产业的制造商在资源容量和质量上是互不相同的，而且他们在能力上是不对等的。制造商之间存在一定程度上的差异，并且这些差异将会持续存在。资源和能力的这种不均匀性，构成了科学技术协同创新竞争力的基础。这意味着没有资源和能力或功能一直保持良好的市场机制，稀有资源很难得到持续性流动，产业不可能长期在市场中竞争下去。竞争优势是像保护研究开发所形成的专利那样的隔离机制所保护的，只有防止竞争对手模仿，产业才能将相对竞争优势一直持续保持下去。

（3）产业知识储备。产业知识是产业生产和操作过程的认知。这些知识可以由产业成员进行共享。产业知识是生产活动的结果，是决定科学技术协同创新竞争力的重要因素。总之，知识也是资本的一种形式，是动态的积累过程。产业的学习能力是由产业知识储备量所决定的，是科学和技术协调创新竞争力的取之不尽的源泉。正如哈耶克所说的，产业是一个知识的流通分布系统，集合了相关的知识。它通过路径依赖的积累过程获得产业所需要的相关知识，并且能够发挥知识的作用。产业现有的知识结构的不均匀性和开发新知识的能力能够进一步决定产业能力的分配、开发和保护。因此，产业知识是一个产业能够获得长期竞争力的基本来源。

（4）资源分配能力。系统理论主张产业在本质上是资源的转换体。在表面上，产业是由有形或无形资源构成的集合体，而有形资源和无形资源是所有行动的载体或目的，是产业行动的对象。产业能力是产业对资源进行分配的能力，是对相应的资源进行开发、利用、结合、保护的能力。产业能力包括了战略管理能力和职能能力。产业通过降低战略活动开发过程中相应的成本支出或者做出比竞争对手更具特色的产品，来增强自身的竞争力，因此，企业维持竞争优势的关键在于不断地开展富有价值与创造性的活动。

（5）外部环境因素。当科技协同创新的竞争力从国家层面扩展到世界市场层面时，产业外部环境因素成为影响科技创新竞争力的一大重要因素。产业环境因素分为市场结构、经济体制和政策以及社会传统三个方面。产业的市场特性、产业间的竞争强度、市场的需求和变化趋势，以及相关产业的供给，都会影响产业的利益水平和产业机会。政府提供的外部经济环境对科技协同创新竞争力有着十分重要的影响，其中包括社会行动习惯、价值取向性和文化性思想在内的社会传统，这会对每个人的行动目标和价值判断产生深刻影响，反映国家的国家公民素质。现在，我国的经济是建立在完整的诚信基础上的。遵守约定的社会传统会促进经济发展、降低产业成本、减少产业风险，最终提高科技协同创新竞争力。

产业能否获得国际竞争力主要取决于产业所具备的市场竞争力。根据科学技术协同创新竞争力的相关理论，科学技术协同创新竞争力的提高必须从多个方面进行。首先，产业必须要进行市场竞争以明确自己的定位，下大力气培育和发展核心竞争力。其次，产业必须要能优化组合自身资源，有竞争力的产业绝不是简单的资源堆砌，而是一个能够有效组合资源，发挥出资源 1+1>2 的整体功能的有机组织，这就要求产业必须具有运行良好的内部机制，能够激发和调动产业内部每一个要素的积极性。最后，产业要具有“柔性”，能够适应所处国家或地区、行业的环境变化，能够在激烈的市场竞争中生存下去。

四、技术创新理论

技术创新包含新产品研发或产品原料创新、新生产工艺应用、市场拓展、供应途径革新以及实行新的组织形式（企业以至产业）五项内容。通过将近一个世纪的开发后，技术创新在理论层面和实践层面都有了很大进步与发展。由于在理解技术创新时的角度、方法和出发点的不同，人们对技术创新也有不同的看法。

（一）技术创新的含义

国内外学者从以下观点或角度出发来定义技术创新的意义并进行归纳分类。

（1）着重强调技术创新的过程。伊诺思（J. L. Enos）提出技术创新是由多种活动共同作用的结果，包括发明决策、资金供给、组织管理、战略制定、丰富人力资源等，这是有关技术创新内涵的首次明确定义。索罗在探究技术创新成立条件的过程中提出了“两步论”的观点，即首先企业要获取技术创新的可行性理论，在理论基础上展开后续技术实现活动，索罗将技术创新定义为一个动态过程，为丰富技术创新内涵做出了重要贡献。

（2）强调新产品及新工程的初始应用。有代表性的见解是：J. M. Uttebrack 提出了发明和技术的样品是不同的，技术的实际采用或是最初的应用才是产业技术的创新与普及。V. K. Naryanana（2001）认为，如果企业生产新产品或服务，并应用新的系统或程序，那么该企业将产生相应的创新。

（3）强调创新效果。技术创新可以实现企业利益的最大化，与此同时还能够进行影响因素和生产制造条件的重新组合。然后，建立更高效且成本更低的生产和管理系统，推动效率更高的新产品、新工艺的生产方法的产生，探索新的市场，最终获得更多的新型原材料或半成品，建立企业内部新的机构组织，这一过程是包括科技、组织、商业和金融在内的一系列活动的集合过程。

根据国内外学者对技术创新的不同定义，我们可以将技术创新这一概念总结为：技术创新包括从产生创新创意到产品设计、生产、销售、市场化的一系列活动。同时，技术创新也是知识的产生、流通、应用过程。本质上，技术创新就是新技术的创造和商业利用，在这一过程中经营组织和服务的改善也起着十分重要的作用。从强调创新成果成功应用的观点来看，企业的技术创新是从创新的构思开始，通过整合组织内的资源、获得企业的应用，最终产生相应的经济和社会利益，并在技术普及和新的创新想法产生过程中结束。企业的技术创新，不只是单纯的新技术和新产品的创新，还包括能为企业各项活动创造利益、增加效益的全部创新性活动。

（二）技术创新的分类

对于技术创新这一概念进行分类的方法有很多，根据创新的目的、创新的本质、创新的经济价值、创新的依据不同来进行相应的分类。代表性的分类方法如下：

（1）宏、微观分类方法。划分的基本要求是技术创新的水平和范围。企业的技术创新活动可以分为以下两类：①改进性创新。意味着基于现有的产品技术和生产能力，通过区域转换形成的改进性创新。改进性创新在成果累积的过程中能够使企业获得相对较明显的优势。现实生活中许多创新都属于改进性创新。②根本性创新。根本性创新是指技术或产品等第一次引进并取得一定的突破，对技术的重大进展和经济发展有很大影响。

（2）创新主、客体的分类方法。该分类方法是主要基于技术创新活动的对象形成的。企业的技术创新活动可以被划分为以下两类：①产品创新。它是指提高现有产品包含的技术，或相应地引进新产品、新技术等。这一过程包括产品的升级，也包括新产品的市场推广。②工艺创新（process innovation）。工艺创新作为过程创新而广为人知。它是指生产过程和服务过程中的技术层面的变化，包括改进原有的技术和采用新的工艺。

（3）按照技术创新的方法分类。企业技术创新可以被划分为以下两类：①局部性创新。指在相关的技术结构和应用的模式都发生变化的状态下，对局部的技术进行改善。②模式性创新。指原有的技术原理发生了变化从而产生的创新行为。③结构性创新。指由于技术结构发生了变化而形成的创新。④全面创新。指创新技术原理和技术结构都产生变化而形成的创新。

（三）技术创新的过程模型

技术创新的进程伴随着一系列创新创意的产生、研发、技术管理和组织、工程设计和制造、用户参与和营销等活动。在创新行为产生的过程中，这些活动相互关联，有时必须以循环、交叉和并行方式运行。技术创新的过程，不仅会伴随着技术本身的变化，还伴随着组织性、制度性的革新，经营革新和市场营销模式的革新。20 世纪 60 年代以来，世界范围内产生了很多技术创新过程模型，下面对其中具有典型性的模型加以介绍。

1. 诱导机制模型

早期的技术创新过程模型是线性的。当时，学者相信技术创新是从上一个环节到下一个环节的递进。由于最初环节的差异性，这些模型又被分为技术驱动模型和需求驱动模型。

后来，很多人认为线性模型难度不高且过于简单，对创新力的强调十分绝对，不能对企业的技术创新活动进行全面的反映。因此，学者们在 20 世纪 70 年代后期 80 年代初期，提出了两个线性模型相结合的交互式模型。这个模型结合了技术和市场，强调了技术创新是由于需求和技术的相互作用而产生的。这种模型强调了技术创新的诱导机制，对技术创新过程的启动具有很大的重要性，但缺少对技术创新过程的详细描述。

2. 链环回路模型

1986 年，克莱因（S. Kline）和罗森堡（N. Rosenberg）提出了链环回路模型，这种模型是关于技术创新流程的具体描述。它可以把现在的知识储存、基础的研究开发以及技术创新措施一同联系起来，表现出许多创新阶段相互之间的烦琐的反馈联系。这一模型是更合理、更全面、更有启发性的模型。

3. 技术创新过程综合模型

虽然链环回路模型详细描述了技术创新的过程，但基本上不包括企业技术创新管理这一过程，并且这一描述过程是相对抽象的。企业建立技术创新过程综合模型是在充分考虑外部各方面的环境基础上进行的，这一模型充分反映了技术与市场之间的联系，并将企业的技术创新过程分为四个不同的阶段。与此同时，明确指出了各阶段应进行的管理活动以及创新的推进实施者。

4. A-U 创新模型

一般来说，一项重要的创新活动出现后，企业经常会有一系列的跟进性创新活动，从而形成创新产业群。而且，这会关系到新产业的成长或者旧产业的发展。因此，某个领域的一系列创新活动对产业发展会产生很大的影响。

哈佛大学学者阿伯纳西（N · Abemathy）和麻省理工学院学者厄特拜克在 20 世纪 70 年代展开以产品技术创新为核心的创新过程研究。他们将产品、工业创新及企业演变划分为三个阶段——流动阶段、转移阶段和专业化阶段，并将商品生命周期（Product Life Cycle，PLC）与三个阶段联系，提出以产品创新为核心的描述产业创新分布规律的 A-U 创新模型，并得出结论：企业创新活动类型及程度取决于企业所处发展阶段特点。

五、协同学理论

（一）协同学概念

1. 战略协同视角

安索夫（1965）认为，协同是指一个产业通过对自身的能力进行识别，并在适当的时间抓住机遇与自身能力进行匹配，最终实现新业务的拓展。很多企业都会在一定程度上无视无形资产，从而失去了一些达成协同的机会。在战略协同的研究领域中，主要分为三个部分：①战略与环境协同，这是研究市场结构的不同导致企业应采用怎样的适应特征；在复杂多变的战略环境下，企业的长期导向、风险偏好会发生怎样的变化。②内部一致性战略协同，这一视角主要是对市场协同策略、专业技术协同、协同研发方面进行研究。③跨境团队协同，合作团队被认为是一个复杂和变化的系统，在行业持续工作的高不确定性和环境快速变化的条件下通过实证的研究，可以确认不同队伍的成员跨越界限进行合作的概率较高。

2. 系统科学视角

从系统理论的角度来看，一个系统中包含着许多的子系统，这些子系统会受到一小部分序参量的影响，在这些序参量的支配下使整个系统实现总体上的结构目标。在协同学研究过程中，有学者认为一个由大量子系统构成的相对开放性系统，其内部发生协同作用的过程是使得系统从一个无序系统转化为有序系统的重要决定性过程。安索夫着重关注的是系统内部的联系密切程度和在系统发生变化的过程中各个要素之间是如何配合的。

（二）管理协同的基本原理

1. 顺序参数选择原理

协同的两个核心概念是顺序参数和控制。哈肯（Haken）认为，如果参数在系统进化过程中会发生从无到有的变化，同时又可以显示出新的结构，对新结构的顺序进行反映，这就是顺序参数。顺序参数的目的是对系统整体动作而导入的宏观参数进行记述。不仅测量了子系统的协调效果，还测量了整个系统的运动状态。由 Haken 建立的协同理论包括三个基本原理：波动原理、顺序参数原理和控制原理。其中，顺序参数原理在协调系统演化过程中起决定性作用。顺序参数是协同理论的中心概念，它是指在复杂系统的演变过程中，能够对系统产生不同程度影响的要素进行状态演化的协同行为，在演化过程中能够指示出新的系统结构的形成，并对系统结构的顺序结构参量进行解释。

顺序参数有三个基本的特性。首先，顺序参数是为了记述系统整体动作而导入的宏观参数。协同的形成不是系统中各种对象和要素简单加和的结果，而是通过这些主体在自组织演化过程中来产生并实现协同效果的。其次，顺序参数产生形成于微观子系统的运动过程，并且是测量其特性和协调效果的度量单位。顺序参数的形成来自系统的内部。最后，顺序参数是各种元素的协同的结果。这样的结果如果成立，它就变成整体系统的控制核心，从而能够操控各个子系统的行为，同时操控系统的整体演变流程。

顺序参数这一概念本身是由系统中的其他变量形成的，它通过控制子系统或从属关系来控制系统的整体进化过程。有序参数是描述相变理论中系统的宏阶数的变量的。顺序参数的改变可以说明系统在从原始的无序向有序方向变化。顺序参数的变化根据概率分布的特征，随时间的展开被称为“主方程”，其意义是描述由确定性方程组成的随机和不确定的过程。在不同的条件下，主方程是求解有序参数的标准。原则上，所确定的方程式用于描述随机和不确定的过程。Haken 使用确定顺序参数表达式的突变理论来描述有序结构形成的质量变化过程，从而对有序参数方程的种类进行评判。Haken 发现不同参数在临界点的行为不同。大多数参数在临界点附近衰减速度非常快且阻尼系数很大，并且在转换过程中没有明显的效果；其中会有一个或多个参数出现不临界衰减的现象，并且还可以一直控制着系统演化的进程。Haken 将前者定义为快速变量，将后者定义为慢变量。慢变量控制系统进化过程可以决定进化结果的相关结构和功能，这就是能够表示系统顺序的顺序参数。Haken 指出快速变量是遵循慢变量的，即“支配原理”，通过子系统的协同作用产生顺序参数，并且顺序参数主导子系统的行为。Haken 在统计物理学中使用绝热消除方法获得了仅包括一个或多个参数的有序参数方程，这样大大简化了公式的解。Haken 实际上从普遍意义上获得了支配原理的数学理论。在自组织进化过程中，产生一个或多个顺序参数，并在这些顺序参数之间产生竞争和协调。这些顺序参数之间的进一步竞争和协调使一个或多个参数可以胜过其他有序参数并占据主导位置。因此，竞争的基本前提条件就是协同。

2. 隶属原理

在对大系统进行研究探讨的过程中，不同的量发挥着不同的作用，而且它们的变化模式也不同——有些变化很快，有些随着时间的推移变化很慢。由于快速变量与系统响应的节奏相比会发生频繁的变化，所以系统上快速变量与慢变量是不同的，慢变量会控制系统的行动。由此可以说明慢变量对于相变过程更有决定性。顺序参数在实际上都是慢变量，它会对子系统的行为进行约束规定，从而使这些变量统一服从集体的命令，换句话说，顺序参数是一个微级别的子系统。第一，隶属原理明确了有序参数与隶属系统的关系，并且从更宽广的角度来看，能够使我们更好地理解复杂系统行为中的整体和部分相互作用机制的细节。第二，隶属原理可以提供一种根据大量详细描述系统行为的信息来确定顺序参数的方法。

3. 涨落导向原理

涨落导向这一原理在管理的过程中，强调了系统的某个小变化会带来很大的结果偏差，这表现在连续变动的涨落过程中，偶然的控制力决定了系统的开发方向和规模大小。在管理系统中，由于系统在发展演化过程中所面临的环境也在发生变化，所以各种不确定因素会随时出现。当系统接近临界区域时，为了控制系统的进化和发展模式，某些细微的变化会使整个系统快速形成管理顺序参数，从而控制系统的发展模式。

4. 相互作用原理

管理相互作用这一原理指的是组织系统中的每个子系统或相关的要素能够进行相互作用和影响，一些要素的作用可以对其他的要素潜在能力的发挥进行刺激，并且可以促进管理目标的快速实现。其影响可以简化表达为：$S=F(X, Y)$，影响关系：$Y=F_1(X)$，或 $X=F_2(Y)$。

（三）产业创新要素协同发展相关理论

1. 产业中高端发展理论视角下协同的理论阐释

产业的成长理论，是指专注于研究产业成长过程中所出现的问题及其规律性的研究理论，是经济学研究的重要理论之一。从这个角度更能直接阐释产业创新要素协同：第一，市场竞争和技术创新的复杂性促进了产业创新要素的协同发展，随着知识经济快速发展和推进，市场对技术的要求也在不断地提高，需求也越来越大，产业在市场中的竞争压力也越来越大。对于产业自身来说，技术创新和新技术的开发对于企业自身来说并非易事，技术开发本身具备风险性且对企业资金实力具有较大挑战，对于中小型企业而言，一次失败的技术研发可能会导致企业走向衰败甚至破产。随着消费者需求不断变化，技术研发周期较长，造成较为紧迫的时间压力，因此企业应加强内部各子组织之间的协同作用，进而对市场进行充分探索，根据产业增长因素之间的协同作用来实现更优质的发展。

第二，要素协同是中高端产业在成长过程中的前提条件，进入 21 世纪，竞争环境变得越来越复杂，行业很难在各个方面都进行竞争，同时也很难仅通过自身实力快速响应市场的需求，因此，应在行业内外取得协调一致的发展，以便共同享有市场成果和市场份额，并将不同的要素组合起来，最终形成一个连续的业务流程链。

第三，产业创新相关的要素进行协同的过程中可以降低资源的利用成本。根据产业当前的发展状况和发展规划，改变对资源系统最初的理解方式，从而扩大现有的资源范围或利用新的资源，最终提高行业对资源的使用效率，使行业从竞争优势转向合作优势。

2. 产业创新要素协同的层次结构概念模型

作为影响产业成长发展的核心要素，技术要素子系统位于五角形的中心。五个边线是一个由战略、组织、管理、文化和市场要素组成的系统。这些子系统与技术子系统通过协作形成技术要素与非技术要素之间的协同效应，这是六个要素子系统的共同协同的主要方面（图 3-10 中实线箭头所示）。除技术要素外，其他要素子系统之间在相互协同过程中，保持在次要位置（图 3-10 中虚线箭头所示）。通过对这六个子系统的全面调整，从产业系统的战略目标和战略工作角度来看，在要素系统的发展过程中，这些要素子系统可以促进产业成长的中心竞争力的提高。

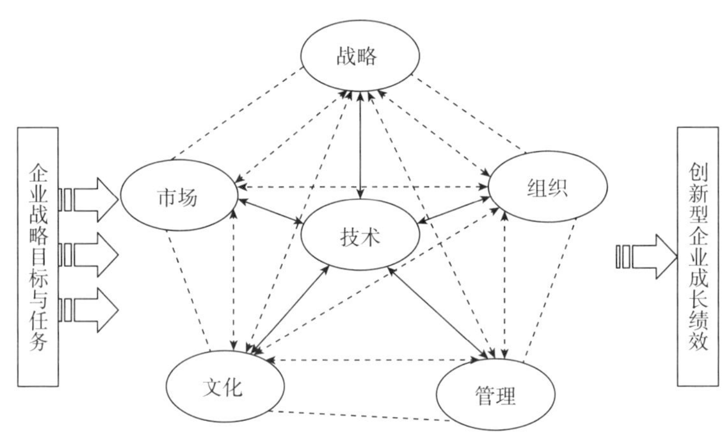

图 3-10　产业中高端发展创新要素

3. 产业创新要素协同的阶段划分

根据时间维度，可以分为依次协作和同步协作。这个分类方法在时间维度上是经营活动过程的重要部分的假设。依次协作需要在起到协调因素作用的过程中实现时间的连接和能量的积累。时间连接强调项目管理中的上一个工程和下一个工程之间的切换、制造工序中的组装线操作系统等协调过程。同步协作聚焦于要素的协同作用。在空间维度中，将大量生产、机械设备的合理配置、生产运用管理、员工中心管理等多个同步对象的管理功能，以“同步模式”的方式进行调整，迅速满足客户的个人需求，在接到订单后，必须按照所有部门和个人的顺序同步行动。根据工作强度的不同，可以分为高度经营协同和低度经营协同。根据不同要素的属性和功能的不同，不同要素之间的合作也可以根据合作的程度差

异，分为协同性高的合作和协同性低的合作。协同的高度意味着组织系统的子系统或要素之间的高度合作。有序度越高，经营合作越稳定，越有利于实现经营合作的目标。相反，协作的程度越低，系统的有序化越低，最终很难实现低成本、管理协作的目标。

六、产业中高端发展分析

（一）产业中高端发展的动力及作用机制

新古典经济学把产业个体行为与社会结果之间联系起来。它认为产业的集聚会产生两方面影响：一方面会产生外部经济，产业可以通过共享中间投入品、共享劳动力市场、共享知识等降低成本；另一方面会产生负外部性，提高产业集聚地地价，交通拥堵会增加，这会增加产业的成本。因此，产业的发展取决于集聚所能给产业带来的好处和如何化解负外部性。

如果市场需求改变或者生产技术变革，产业就会改变规模。新古典经济学对产业发展理论的贡献有两点：一是强调产业发展的根本动因是对利润的追逐；二是强调了外部条件对产业发展的重要性。

新制度经济学通过交易成本来解释产业发展问题，在该理论看来产业发展也就是产业边界扩大的过程。产业是一个可以代替市场交易行为的组织，产业内部采用非市场机制，这就会节约交易费用，但产业为协调内部关系需要付出管理成本。产业需要选择一个最优的规模：更大的规模有利于节省交易费用，但会增加管理费用，产业的最优规模应该使交易费用与管理费用之和达到最小，也就是产业规模的边际交易费用等于边际管理费用。

在传统经济学理论中，产业中高端发展是产业对外部条件所做出的最优反应，所有产业的成长过程是相同的，产业应对市场条件变化的能动性被忽视了，这与现实中产业的发展情况明显不符合。针对传统经济学理论的不足，产业的内生发展理论认为，产业行为是管理层尤其是企业家意志的一种外在表现，从这一意义上来说，企业家的进取意识是产业发展的精神动力，正是由于这种精神动力的存在，产业中未被利用的生产性服务才可能被挖掘和发挥，最终促进产业的发展。企业家的进取意识有利于促进企业家对产业未来形成积极的预期，并据此制定积极的产业发展规划，依据产业发展规划进行的产业生产经营活动则促进了对产业中原来存在的未被利用的生产性服务进行利用，并进一步促进了产业规模的扩展或产业结构的高级化，从而实现产业的发展。可见，产业中未被充分利用的生产性服务是产业发展的资源动力，企业家的进取意识则是产业发展的精神动力。

（二）产业中高端发展的路径研究

目前学界普遍认同的产业中高端发展路径主要有三种：规模化发展、垂直一体化发展和多样化发展。

规模化发展表现为产业生产规模扩大，产业产品产量提高。一般来说，当产业发展到生产技术较为成熟、产品生产已经实现标准化的阶段，产业中高端发展就表现为规模化发展。产业规模受到市场容量、竞争对手数量及规模、生产技术水平等因素限制。产业规模化发展可以提高资源利用效率，同时由于原材料采购需求的增长，有效提高产业采购的议价能力，节约产业成本，使产业建立良好的价格、利润优势。

垂直一体化发展是指产业在产业价值链上向前或向后扩展自身业务范围的一种经济活动，产业垂直一体化发展的过程也是产业确定边界的过程。产业选择垂直一体化的发展方式，主要受两方面因素的驱动：一是可以减少产业的市场交易环节，有效节约产业交易成本，提高产业产品利润空间；二是有利于产业确保原材料供应的稳定性以及产业对渠道的控制力，使产业正常经营不受干扰，并由此获得相对于竞争对手的比较优势。从这一意义上来说，垂直一体化发展是产业保持其竞争地位，提高其现有产品盈利性的方法之一。

多样化发展是指产业通过在两个或两个以上行业领域内开展业务来实现产业中高端发展的方式。产业选择多样化发展的方式一般说来都是出于两个理由：一是分散经营风险的需要，多样化经营有利于产业降低经营风险；二是产业多样化

发展有利于产业在生产过程中获得范围经济，降低产业生产成本。但在多样化发展过程中，产业必须要突出主营业务，提升核心竞争力水平。

产业中高端发展归根到底是产业的不断发展壮大，发展的方式有很多种。对于具有国际竞争力的企业而言，产业中高端发展更多地要依靠自身的创新能力，通过提高产业自身的核心竞争力来实现，外延式的发展路径并不适合这种企业。因此，具有国际竞争力的发展的基本动力是内生的，产业充分利用市场分工，紧紧围绕核心业务，合理配置利用产业资源以形成合力，以持续的创新推动产业不断成长。

（三）产业中高端发展的特征

1. 阶段特征

（1）客户资源竞争阶段。

这一阶段是产业发展的初启阶段，市场需求主要集中在对产品基本功能需求上。

（2）客户价值竞争阶段。

顾客感受到物有所值，顾客让渡价值较大，因而竞争力要强于初启阶段的产业。因此，必须争夺更多的客户价值，积累产业的客户资源。

2. 路径特征

具有特定目标的路径更能在最快时间内获取竞争力，推动产业快速成长。

（1）动态性。

成长路径也必定会产生变化。随着产业每一时期成长目标和创新重点的变化，在激烈动荡的外部环境下，产业的不断创新决定了这类产业中高端发展路径的动态变化性。

（2）不易模仿性。

成长路径不能被其他竞争对手模仿的最大原因在于其能与产业自身特点实现有效融合，而每个产业在发展过程中的不同特点则决定了简单模仿其他产业的成长路径是不会成功的。

（四）产业中高端发展的外部影响因素

1. 社会服务要素与产业中高端成长

产业作为社会经济体系的重要一员，不是孤立存在的，协调好外部关系、获取必要的社会服务是产业生存和发展的必要条件，更是获得高质量社会服务的基础。

首先，政府关系是产业的重要社会资本。产业的发展离不开政府的各项支持。政府能为产业的发展提供更多的资金、更优惠的政策。其次，在产业发展的各个阶段都需要有大量的资金的支持，以保证人才吸引、技术研发及市场开拓。因此，产业的发展离不开银行的信贷资金支持，建立良好的银企关系对产业来说非常重要。此外，供应商也是产业发展的外部资源。

一般而言，产业规模越大、核心竞争力越强，其对银行、供应商、中介机构的吸引力越大，政府越重视该产业中高端发展，产业外部关系管理的经验也越丰富；产业获得上述组织的社会服务越多，给产业中高端发展注入更多的外部力量，产业成长的速度也会越快，进而产业规模会越来越大。由此，便形成了创新型社会服务要素的正反馈回路，也形成了一个自增强的围绕社会服务要素循环的动态过程。

本书认为，产业的外部关系管理能力越强，产业经济核心竞争力越好。社会服务也是产业中高端发展的关键外部影响因素之一。

2. 经济技术环境外部影响因素与产业中高端发展

区域产业经济环境主要与产业市场、基础设施、产业基础、产业政策、生活条件等因素有关。

本书认为，产业所处区域的经济技术环境越完善，产业中高端发展性越好。经济技术环境是产业中高端发展的关键外部影响因素之一。

3. 政策法律环境外部影响因素与产业中高端发展

制度环境也不容忽视。从一定意义上说，“制度高于技术”。产权制度、技术创新、金融扶持、分配体制、知识产权保护等制度环境不仅可以为技术创新活动提供有效的激励机制，而且也会为现代产业制度的建立奠定基础。

本书认为，产业所处区域的政策法律环境越完善，产业中高端发展性越好。政策法律环境也是产业中高端发展的关键外部影响因素之一。

（五）产业中高端发展要素

产业发展要素即影响产业成长的关键因素。基于资源基础理论、核心能力理论、仿生学理论、系统学理论等不同视角，国内外学者提出了产业成长的不同要素构成。这些要素大致上可以分为内部环境要素和外部环境两个方面，研究的重点大多集中在内部环境要素上。基于资源能力理论以及建立在其基础之上的企业异质性特征的讨论仍然是目前产业成长因素研究的主流方向，学者们提出的成长要素虽然不尽相同，但对本书的研究而言仍然具有很大的参考价值。

产业中高端发展要素可以分为两类：第一类是外部成长要素；第二类是内部成长要素。

（1）产业中高端发展外部要素构成分析。

企业具有复杂开放性系统特征，其成长必然与社会系统内的其他要素有着广泛而深刻的联系。

1）政策与法律要素。是成长外部要素中最重要的核心要素。

2）行业结构与发展水平要素。产业中高端发展过程中必然受到其所在行业结构和发展水平影响。例如，行业特殊性将会给产业中高端发展带来严重冲击。

3）市场需求及竞争状况要素。一方面，稳定的市场需求将决定着企业产品的扩张极限；另一方面，市场潜在的需求是产业中高端发展的最重要的外部动力之一。

4）合作伙伴及中介服务支持体系要素。一方面，构建良好的联盟关系，恰当选择合作伙伴，是产业中高端发展的主要方式之一；另一方面，通过科技中介机构在各类市场主体中推广创新技术，促进创新成果转化，为产业中高端发展搭建技术交流与分享的平台，不仅能够有效增加市场机遇，降低企业市场交易成本，同时也为产业中高端高质量发展提供支持。

（2）产业中高端发展内部要素构成分析。

产业中高端发展过程涉及企业内部的各环节、各层次。

1）战略创新要素。根据产业中高端发展目标和战略本身的特点，产业中高端发展战略创新要素是引导产业持续、健康成长的必然选择，是产业发现行业战略定位空间中的机会，抓住这一机会，并使之发展成为一个大众市场。

2）技术创新要素。技术创新是产业中高端发展的核心内部创新要素。只有提高产业的市场竞争力，才能实现高质量发展。

3）品牌创新要素。在经济全球化、网络化背景下，品牌创新在提升产业形象、创新产品市场竞争力等方面具有重要作用。产品的竞争和企业间的竞争明显地表现为品牌创新的竞争。产业品牌创新是产业提升竞争力的必然选择。

4）商业模式创新要素。其重要性已经不亚于其他创新要素。

5）文化创新要素。贯穿于全部创新过程的新型经营管理方式必要条件。

6）制度与组织创新要素。为企业创新活动提供合理的创新制度保障。

对于产业中高端发展而言，也一定存在一个以上的增强回路是提高产业中高端发展动力，从而促进核心竞争力的提升。外部成长要素的影响与内部成长要素的作用，共同构成了产业中高端发展的动力机理。

由于技术、制度、市场三要素是产业战略的基础，因此，这里围绕技术、制度、市场三要素构建三维空间模型。通过三维空间模型，研究技术、制度、市场三个关键要素互动关系，揭示三者之间存在的动态性、协同性等特质，通过探寻能使三者产生良性互动的最佳组合，作为产业中高端发展战略制定的基础支撑，形成推进产业中高端发展的强大动力。

本书构建以企业技术、企业制度、企业市场和企业成长为关键要素的三维空间模型，如图 3-11 所示。其中，企业技术、企业制度、企业市场三个要素作为成长的支撑要素，形成相互影响的平面关系。三个要素的共同作用驱动成长。从因果函数关系的视角，企业技术、企业制度、企业市场要素为自变量，产业中高端发展为因变量。

研发和营销是产业的两大关键职能。技术和市场之间关系研究得到学界的普遍关注。一般的结论是，技术创新和新产品研发以市场为导向，为市场开发提供技术支持。产业成长离不开技术和市场两要素的协同创新。

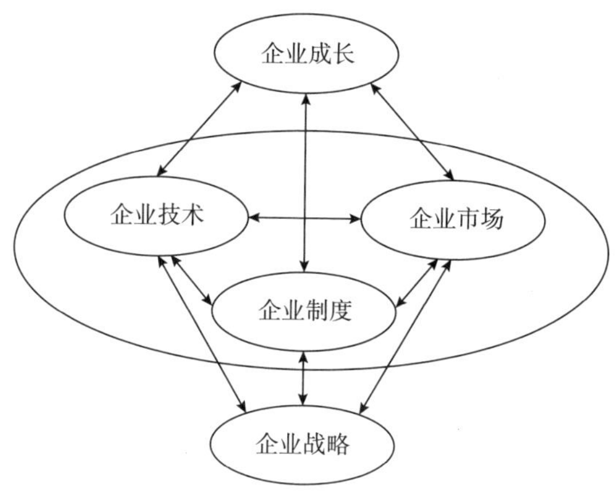

图 3-11 关键要素的三维空间模型

市场经济中的产业面临着激烈的市场竞争和经营风险。产业为主动适应环境的变化，制度与组织创新和市场创新是产业增强竞争力可选择的路径。它们不是孤立的，二者之间存在一定的互动关系。市场创新需要制度与组织创新的有力支撑，向产业提出制度与组织创新要求。制度与组织创新有助于增强产业竞争力，为市场创新提供强大助力。市场要素与制度要素协同程度影响产业中高端发展的竞争力。

根据上述分析可以建立协同创新三维空间模型，如图 3-12 所示。

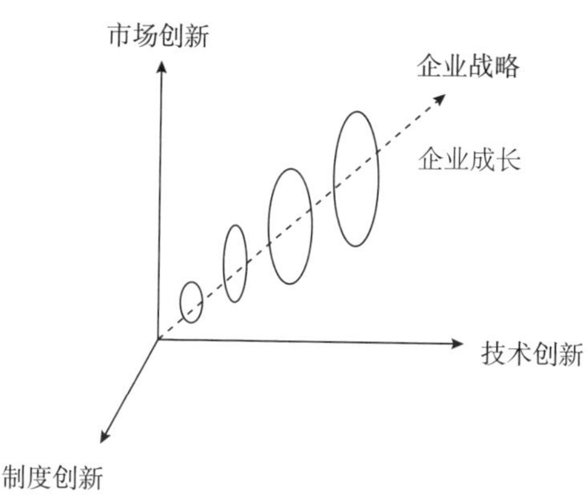

图 3-12 协同创新三维空间模型

（1）技术创新要素与产业中高端发展关系。

新古典产业中高端发展理论认为，产业是在追求最优规模过程中获得成长的，产业实现最优规模的过程也是产业的生产成本降低的过程，而成本降低又主要来自于技术革新。

（2）制度创新要素与产业中高端发展关系。

产业中高端发展从外在形态上看是规模的扩张，从内在属性上看是产业质的提升和结构的完善。其中，就包含了产业制度的不断创新与完善。产业中高端发展离不开产业制度与组织创新的支撑。众所周知，每个产业中高端发展的状况是不同的，有的产业经济效益很好，规模扩张很快，可是持续时间却长不了，为什么？就是因为其制度跟不上，不能把那一段取得好的成绩的方法或经验进行总结、提炼最后上升固化为“内部规则”，更不可能在此基础上进行超越，有的成功经验也是不能照搬的。因此，每个产业的制度都是在其特定的环境条件和生产、经营状况中为了支撑产业不断成长而产生、创新和完善的。产业如果没有其相应的制度作支撑是实现不了成长的，产业制度与组织创新到什么阶段和水平，产业就能成长到什么阶段和水平。

（3）市场创新要素与产业中高端发展关系。

产业中高端发展的一个主要表现为市场占有率增加。产业市场占有率受到市场规模、竞争对手以及市场竞争公平性的影响。激烈的市场竞争给产业中高端发展带来了巨大压力，随着产业中高端发展，规模不断扩大，市场竞争力不断增强，也为产业市场拓展提供了更多的机会。

通过三维空间模型的空间演进轨迹可以看出产业中高端发展的路径如下：

（1）制度创新导向的产业中高端发展路径。

产业中高端发展的过程中，产业不断地根据市场的变化和产业发展的需要，开展考核机制、激励机制、决策机制、协调机制、商业模式和企业文化等制度方面的创新，为产业发展注入持续发展的制度动力。如图 3-13 所示。

（2）技术创新导向的产业中高端发展路径。

产业中高端发展的过程中，产业不断地根据市场的变化和产业发展的需要，增加研发资金，加大人才引进力度，提升产业技术创新能力，与科研机构联合研

发，共享技术成果，为产业发展注入持续发展的技术动力。如图 3-14 所示。

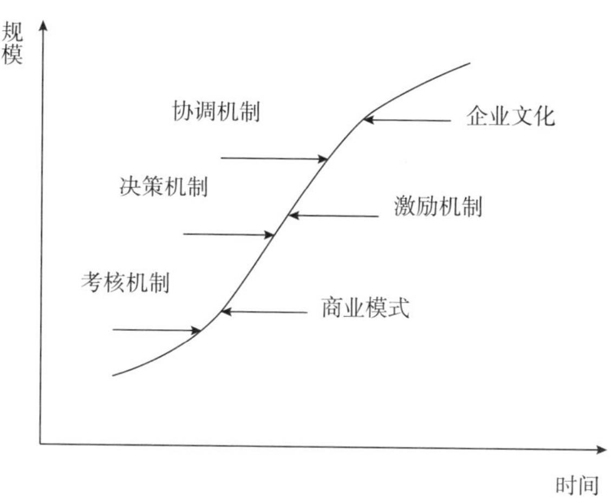

图 3-13　制度创新导向的产业中高端发展路径

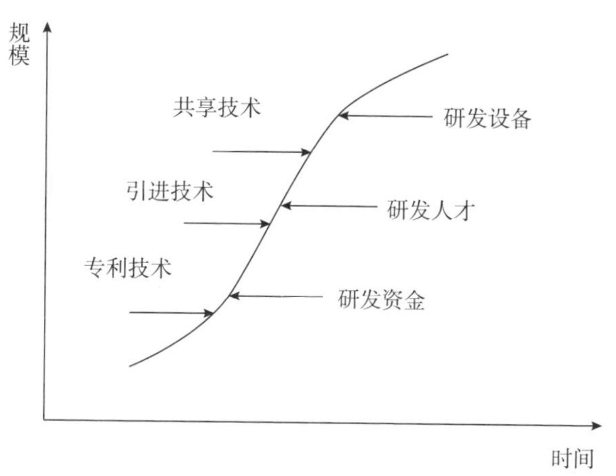

图 3-14　技术创新导向的产业中高端发展路径

（3）市场导向的产业中高端发展路径。

产业中高端发展的过程中，产业不断地根据市场的变化和产业发展的需要，为发展注入持续发展的市场动力。如图 3-15 所示。

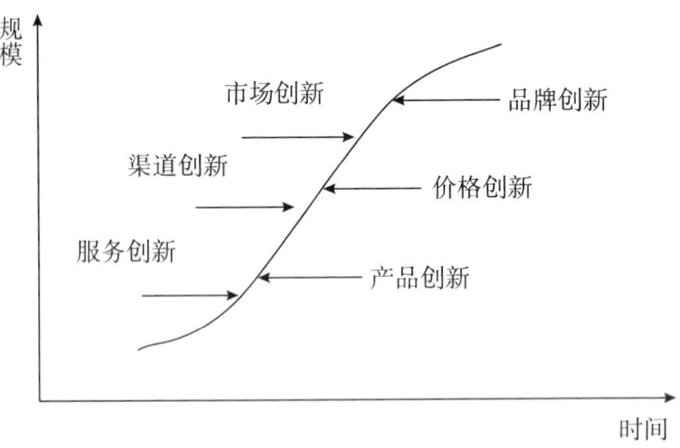

图 3-15　市场导向的产业中高端发展路径

（六）产业中高端发展促进产业融合协同创新能力提升模型构建与机理分析

根据前面产业中高端发展要素的分析，本书将产业中高端发展促进产业融合协同创新能力提升的系统结构基本模型分解为战略、技术、品牌、商业模式、文化、制度与组织 6 个要素，协同促进产业融合协同创新能力的系统动力提升，对其机理分别加以分析，以便更加清楚直观地反映出产业中高端发展促进核心竞争力提升的动态行为特征。

1. 产业中高端发展战略创新要素促进产业融合协同创新能力提升模型与机理

产业融合协同创新能力提升是产业中高端发展过程中不可回避的问题，在竞争环境下，产业中高端发展过程中应确立“战略”在经营管理中的主导地位。根据产业中高端发展目标和战略本身的特点，高技术企业成长战略创新要素是引导产业中高端持续、健康发展的必然选择。

产业中高端发展战略创新要素促进产业融合协同创新能力提升模型如图 3-16 所示。

从图 3-16 可以看出，随着政府鼓励创新政策的逐渐完善，金融和中介机构、教育机构、科研机构、其他企业等外部社会网络对产业中高端过程支撑力度的逐渐加大，一方面使企业领导对产业中高端过程的重视程度提升，促使产业加强完善创新相关制度，使产业中高端战略定位和执行效率加大，提升了产业中高端

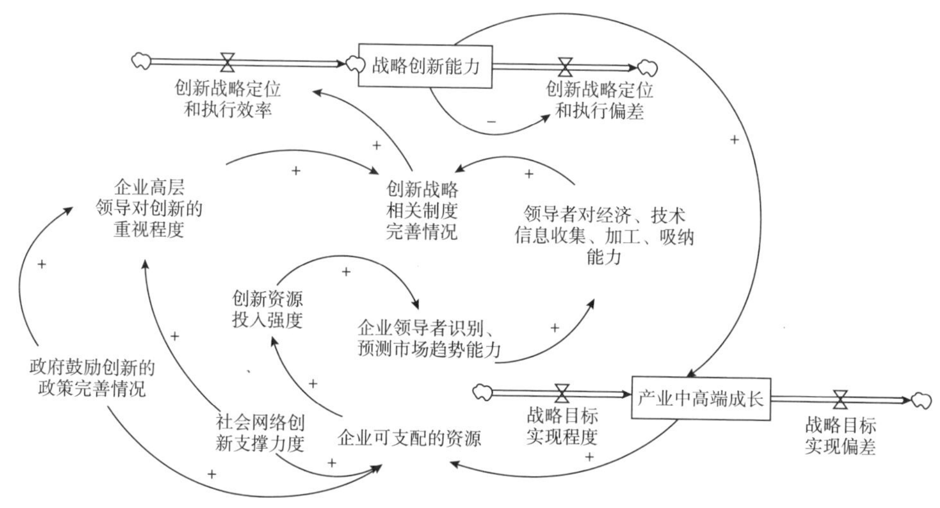

图 3-16　基于战略创新要素的产业中高端发展动力模型

过程的战略创新能力，进而提升了产业融合协同创新能力，实现产业中高端的战略目标。另一方面，在产业融合协同创新能力提升和产业外部主体支撑力度逐渐加大的基础上，产业可支配的资源逐渐增多，加大了产业的创新投入，为产业领导者识别和预测市场趋势能力的加强提供了前提和保障，使企业领导对经济、技术信息加工、收集和吸纳的能力得到加强，在此基础上，与产业中高端相关的制度会得到完善，使产业中高端战略定位和执行效率加大，提升了产业的战略创新能力。

以上反馈说明，产业中高端发展与战略创新能力的提升相辅相成，互相促进，共同发展，促进产业融合协同创新能力的提升。

2. 产业中高端发展技术创新要素促进产业融合协同创新能力提升模型与机理

技术创新是产业中高端发展的核心内部创新要素，能够更有效地实现产业高质量成长。

产业中高端发展技术创新要素促进产业融合协同创新能力提升模型产业如图 3-17 所示。

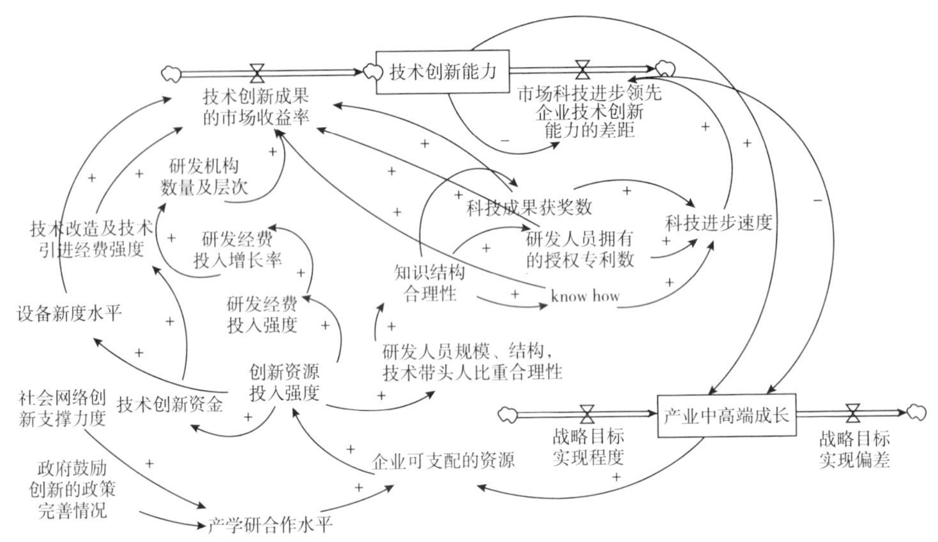

图 3-17　基于技术创新要素的产业中高端发展动力模型

从图 3-17 可以看出，随着政府鼓励创新政策的逐渐完善，金融和中介机构、教育机构、科研机构、其他企业等社会网络对产业中高端成长支撑力度的逐渐加大，产学研合作水平得到提高，为产业中高端成长提供了更丰富的可支配资源，加大了创新资源投入强度，在这一前提下，基于技术创新要素的产业中高端成长沿着三条路径进行：一是创新资源投入强度的增加，使产业将拥有更多的技术创新资金，技术改造和技术引进经费强度加大，设备新度水平得到提高，技术创新成果的市场收益率得到提高，产业中高端成长得到促进。二是创新资源投入强度的加大，使研发人员规模与结构、技术带头人比重都将更加合理，进而企业知识结构更加合理，转化成为科技成果奖数增加、know how 数增加、研发人员拥有的授权专利数增加。这些成果数量的增加，使企业技术创新成果的市场收益率提高，弥补了市场科技进步和技术创新能力之间的差距。三是创新资源投入强度的加大，使研发经费投入强度加大，研发经费投入增长率加快，研发机构数量和层次进一步提升，技术创新成果的市场收益率得到提升，技术创新能力得到提高，产业中高端成长过程顺利进行。沿着这三条路径，进一步提高产业融合协同创新能力，从而实现产业中高端发展战略目标。

3. 产业中高端发展品牌创新要素促进产业融合协同创新能力提升模型与机理

品牌创新是指随着产业中高端发展过程经营环境的变化和消费者需求的变化，品牌的内涵和表现形式也要不断变化发展。在经济全球化、网络化趋势下，品牌创新在提升产业形象、提升产业中高端成长创新产品的市场竞争力等方面具有重要作用。产品的竞争和企业间的竞争明显地表现为品牌创新的竞争。产业中高端发展品牌创新是产业融合协同创新能力提升的必然选择。

产业中高端发展品牌创新要素促进产业融合协同创新能力提升模型如图 3-18 所示。

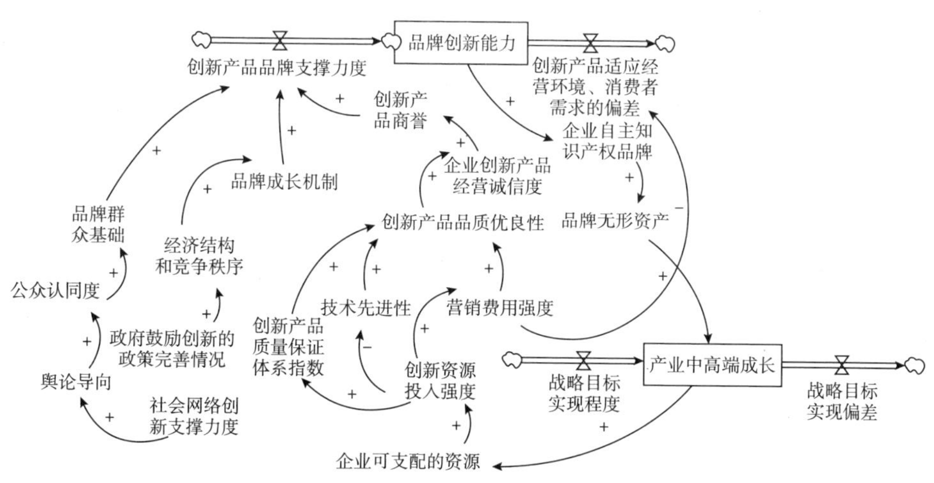

图 3-18　基于品牌创新要素的产业中高端发展动力模型

从图 3-18 可以看出，随着政府鼓励创新政策的逐渐完善，从政府层面上，竞争秩序和市场经济结构得到完善，加大了产业中高端发展创新产品品牌支撑力度，优化了企业品牌成长机理。从社会层面上，随着教育机构、金融和中介机构、科研机构、其他企业等社会网络对产业中高端发展创新支撑力度的逐渐加大，加大了产业中高端发展创新产品品牌支撑力度，提高了公众认同度，促进了正面的舆论导向，增强了品牌的群众基础。从企业层面上，随着产业融合协同创新能力的提高，创新资源的投入强度加大，产业可支配的资源逐渐丰富，这使得创新产品质量保证体系指数提高，产品技术先进性提高，营销费用强度提高，从而提高了创新产品的品质优良性，提高了创新产品的经营诚信度，提高了产品的商誉，加大了产业中高端发展创新产品品牌支撑力度。以上三方面加大了产业中高端发展创新产品品牌支撑力度的情况下，促进了产业中高端发展自主知识产权品牌的发展，增加了企业品牌无形资产，提高了产业中高端发展的品牌创新能力，提高了产业融合协同创新能力，实现产业中高端发展战略目标。

4. 产业中高端发展商业模式创新要素促进产业融合协同创新能力提升模型与机理

产业中高端发展商业模式创新要素促进产业融合协同创新能力提升模型如图3-19所示。

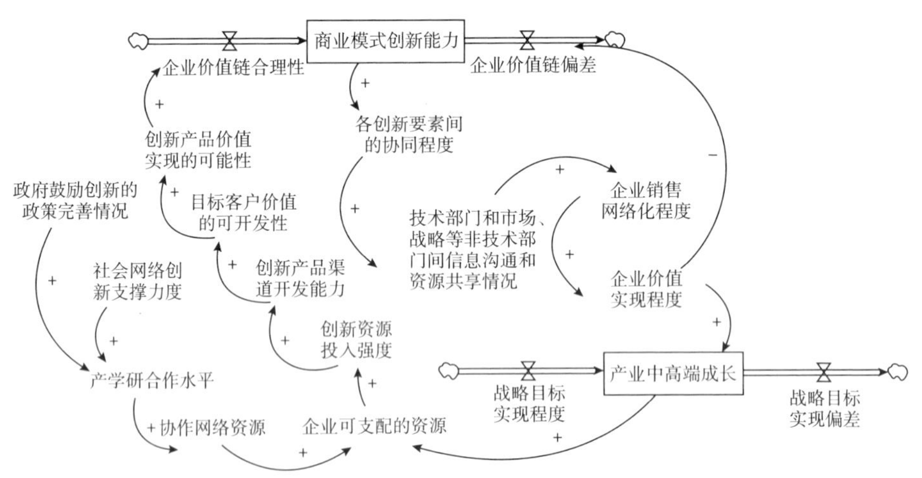

图3-19　基于商业模式创新要素的产业中高端发展动力模型

从图3-19可以看出，随着政府鼓励创新政策的逐渐完善，金融和中介机构、教育机构、科研机构、其他企业等社会网络对产业中高端发展创新支撑力度的逐渐加大，产业中高端发展可利用的协作网络资源增加，产学研合作水平得到提高，提供给企业更多的可支配的资源，使企业创新资源投入强度加大，促使创新产品目标客户价值的可开发性加强，使产业中高端发展创新产品渠道开发能力加

强，增加了创新产品价值实现的可能性，表明产业中高端发展的产品价值链的合理性，促进了产业中高端发展商业模式创新能力的增加。此外，产业中高端发展商业模式创新能力的增加，提高了产业中高端发展各创新要素的协同程度，使技术部门和市场、战略等非技术部门间信息沟通和资源共享情况得到完善，提升了产业融合协同创新能力，提高了产业中高端发展销售的网络化程度，实现了产业战略目标。

5. 产业中高端发展文化创新要素促进产业融合协同创新能力提升模型与机理

文化创新要素是指产业根据本身的特点和性质，使其产业中高端发展与环境相匹配。

产业中高端发展文化创新要素促进产业融合协同创新能力提升模型如图 3-20 所示。

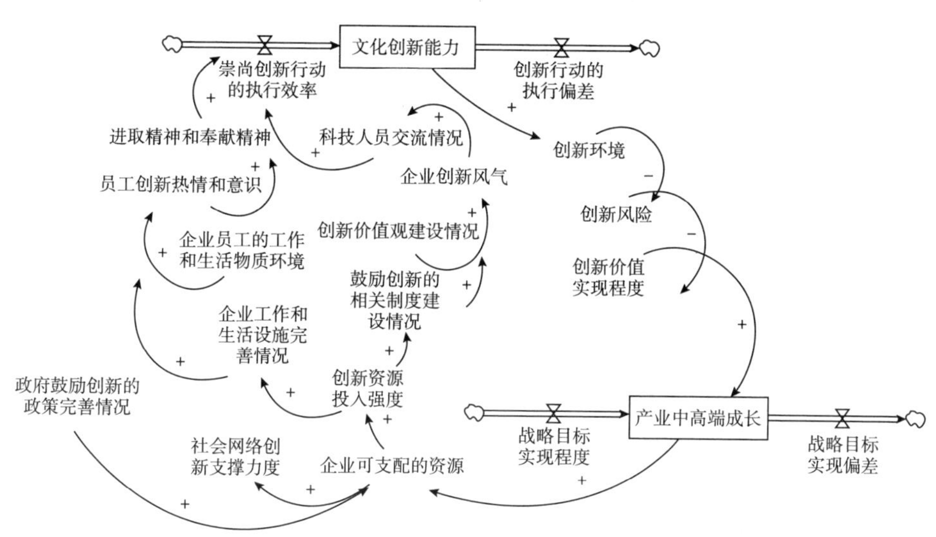

图 3-20　基于文化创新要素的产业中高端发展动力模型

从图 3-20 可以看出，随着政府鼓励创新政策的逐渐完善，金融和中介机构、教育机构、科研机构、其他企业等社会网络对产业中高端发展创新支撑力度的逐渐加大，加强了创新资源的投入力度，丰富了产业中高端发展可支配的资源，使员工工作和生活的设施得到完善，改善了员工工作和生活的物质环境，加大了崇尚创新行动的执行效率，激发了员工的进取精神、创新热情和奉献精神。此外，随着创新资源投入强度的增加，鼓励创新的相关制度将不断完善，弘扬和增强了创新的精神和意识，树立了创新理念，员工共同创新的创新价值观的建设不断完善，并促进了创新风气的形成以及科技人员之间知识和信息的交流，加大了崇尚创新行动的执行效率。这将促进企业文化理念创新能力的增强。产业中高端发展文化理念创新能力的增强又进一步改善创新环境，减少创新风险，提高创新价值的实现程度，进而提升产业融合协同创新能力，实现产业中高端发展战略目标。

6. 产业中高端发展制度与组织创新要素促进产业融合协同创新能力提升模型与机理

制度与组织创新要素是产业中高端发展的前提，包括人事制度与组织创新、营销制度与组织创新等要素。

产业中高端发展制度与组织创新要素促进产业融合协同创新能力提升模型如图 3-21 所示。

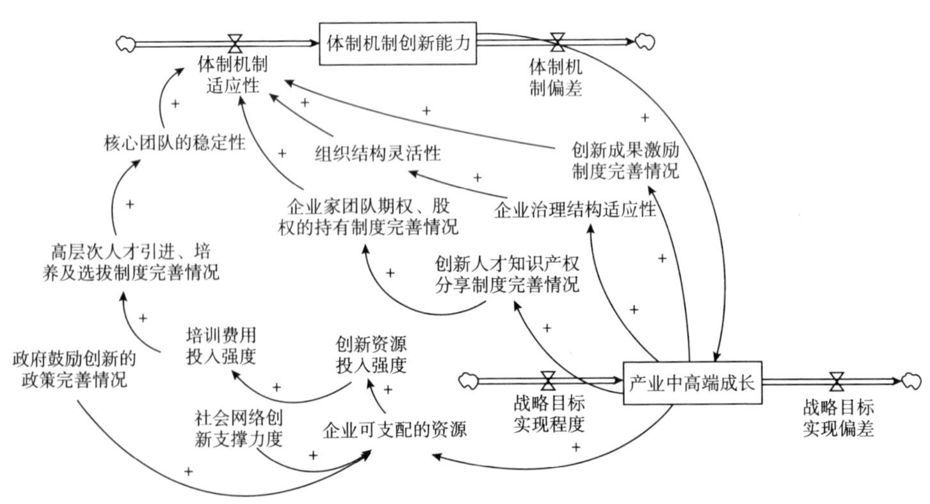

图 3-21　基于制度与组织创新要素的产业中高端发展动力模型

从图 3-21 可以看出，随着政府鼓励创新政策的逐渐完善，金融和中介机构、

教育机构、科研机构、其他企业等社会网络对产业中高端发展创新支撑力度的逐渐加大，创新资源投入强度加大，产业中高端发展可支配资源逐渐丰富，培训费用投入强度加大，产业高层次人才引进、培养及选拔制度逐渐完善，产业中高端发展核心团队的稳定性得到加强，产业中高端发展制度对创新的适应性加强，产业中高端发展制度与组织创新能力加强，从而提高了产业融合协同创新能力，实现产业中高端发展目标。此外，随着企业竞争力的提高，产业中高端发展创新人才的知识产权分享制度不断完善，企业家团队期权、股权的持有制度不断完善。随着企业竞争力的提高，产业中高端发展治理结构适度性加强，组织结构灵活性得到提高，创新成果激励和竞争力制度不断完善。以上这些都促使产业中高端发展制度对创新的适应性加强，产业中高端发展制度与组织创新能力加强，从而进一步提高产业融合协同创新能力。

第四章

产业融合协同创新机理分析

一、产业融合协同创新主体构成与主体之间的关系分析

（一）产业融合协同创新主体构成

1. 政府

全国各地区政府都是在国家统一领导下的行政机关，政府始终把国家的利益放在第一位，践行国家大力鼓舞的发展战略，对中央政府的意志和决策进行执行。在产业融合协同创新方面，政府兼顾经济与国防建设，保障地区发展与安全，肩负着富国强军的使命。政府作为地区发展的推动者和为人民谋幸福的服务者，可以借助产业融合协同创新战略的实施，鼓励民用企业加快速度进入市场，从而支持引导民用企业实现资源利用最大化、优化配置和利润率的提高。政府部门按照职能分工参与到产业融合战略的实施过程中来，推动产业融合战略的开展及运行。

政府是对国家公共事务以及社会进行管理的机关，是推动国家发展不可或缺的重要机关，我国政府按领导层面分为中央政府与地方政府，中央政府与地方政府的区别在于：中央政府负责管理全国事务，包括国家相关法律法规的起草、与其他国家的外交活动以及全国经济宏观调控等；地方政府则主要负责相关地区部分法律法规的制定，且必须保证与中央制度不发生冲突，实行有限权力，但二者均会对国家经济发展做出重要贡献。

主要涉及产业融合协同创新的相关中央政府部门有中华人民共和国科学技术部、中华人民共和国国家发展和改革委员会等，地方政府机关部门则主要有地方经济委员会、地方法制办公室以及地方规划管理局等。以上部门均为产业融合中的科技协同创新提供强有力支持。

政府是对市场环境进行宏观调控的主体，对企业发展具有引导及鼓励作用，同时政府具有执行性、公共性和动态性等约束特征，对企业以及其他经济主体行为进行强有力的约束，维持我国经济市场与公共秩序的稳定性。

其公共性是由政府机关产生、发展的目的所决定的，政府通过法规条例对各组织、个人行为进行约束，以保证社会公共福利、公民财产安全，政府的公共性决定了其不会成为牟取私利的机构。其动态性则表现为政府的职能并非一成不变的，会随着经济市场的变化而变化，因此要及时调整政府与市场的关系，以保证政府对市场调控的有效性，促进市场的健康稳定发展。

政府机关各项特征保证了其在产业融合协同创新中对其他参与主体发挥积极引导作用，探究更为科学有效的创新道路。

2. 高新技术企业

高新技术企业是指持续进行产业融合协同创新以及相关成果转化，并具备技术知识产权自主权的创新技术企业，属于知识技术密集型经济经营体。该类企业技术先进性决定了企业自身将会享受到的财政福利，包括税收减免、技术研发资金资助等。

产业融合协同创新中科技领域的发展对技术具有较高要求，因此这就要求参与产业融合协同创新科技建设的企业大多为高新技术企业，以保证产业融合协同创新建设中的技术先进性，使其创新建设具有必要意义，其中包括军工企业与民营企业。高新技术企业有八大领域是国家重点支持领域，如图 4-1 所示，这些领域技术创新不仅促进了民生工程的完善，对我国国防军事力量建设也具有重要意义，尤其是航空航天技术、电子信息技术与新材料技术，是产业融合协同创新需要考虑建设的领域。

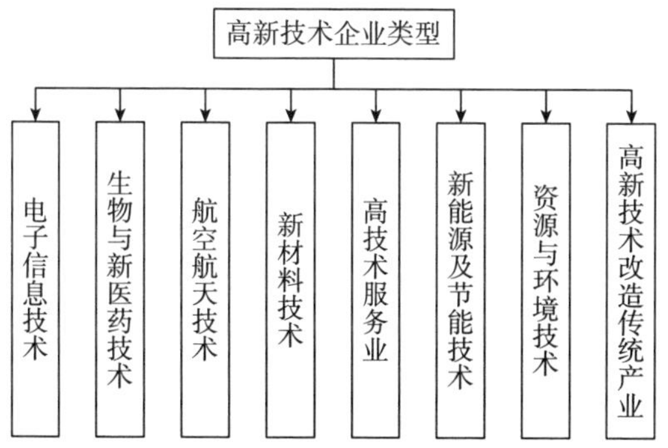

图 4-1　高新技术企业类型

高新技术企业作为产业融合协同创新的重要主体，其具有如下三方面的特征（见图 4-2）。

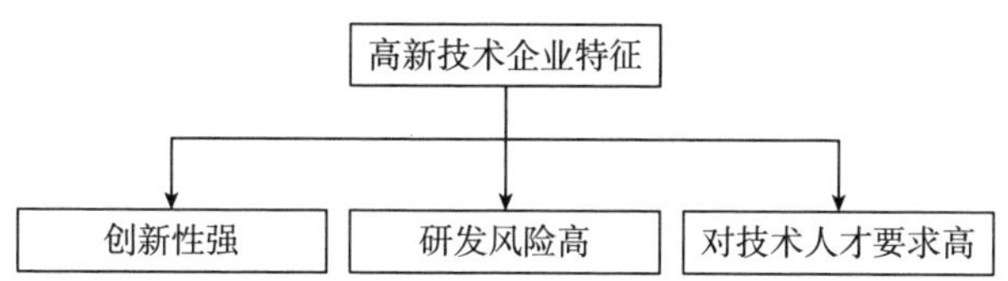

图 4-2　高新技术企业特征

（1）创新性强。

由于高新技术企业需要凭借领先于市场平均技术水平的技术研发能力来建设自身优势，因此通过对市场需求进行全方位分析，开发高水平技术以研制市场未能满足消费者其他需求的产品。高新技术企业与传统企业最大区别在于“新”，高新技术企业大多使用研发新技术新方法，而传统企业则大多局限于传统生产管理模式，创新成分较少。这就促使高新技术企业需要快速成长，不仅在技术研发速度上，也包括对于市场需求的敏感度反应上，进而创造高质量“新”技术。

（2）研发风险高。

虽然高新技术企业具备较强创新能力，但由于该类企业所研发的创新科学技术大多缺乏研发经验参考，其所面对的研发风险损失是未知的。若高新技术企业技术研发周期过短会导致技术不成熟便流入市场，存在较多技术缺陷，进而被市场淘汰；而研发周期过长会导致技术创新性下降，被其他企业赶超，不利于企业快速占据市场份额。因此高新技术企业应提升自身技术创新能力，降低企业研发风险。

（3）对技术人才要求高。

技术创新研发过程中发挥着最为重要作用的便是人，人在科技创新过程中进行领导、思考、试验等行为，以保证技术可行性及稳定性，并时刻监督研发过程中的安全问题。高新技术企业对人才的需求量是十分大的，尤其是具备创新能力的高质量人才，这将决定企业研发成本与速度，是决定企业竞争能力的重要人力资源。

在产业融合协同创新过程中，高新技术企业发挥着极其重要的作用，企业从自身现有技术出发，根据市场中不断出现的消费者新需求进行技术创新改进，尤其集中在产业融合科技领域，两者的技术交流会为彼此提供更为丰富的技术创新思路。军工企业与民营企业具有不同的开发特点，军工企业的研发大多为增强国防建设，无须担心市场接受度，因此所承担的技术风险较低，而民营企业则主要面向社会人民，市场构成复杂多变，一旦出现技术研发失败问题便可能面临企业破产等风险。

面对上述问题，在产业融合协同创新过程中，许多军工企业与民营企业合作建立混合制企业，在降低研发风险的同时也拓宽了两类企业的研发方向。此外，军民合作的案例越来越多，二者合作不仅在技术创新上获取新成就，更减少了资源重叠浪费，降低了研发成本，高新技术企业的军民合作交流促进了产业融合协同创新的发展进程。

3. 传统军工企业与民用企业

传统军工企业中的军工资产证券化已经取得了很大的进展，但是，国有投资始终在军工股份中占相当大的比重，军工企业始终以国家利益为重，这也决定了军工企业的组织结构、股权分布、地位、特点等。在国家利益的驱动下，军工企业在产业融合协同创新的基础上按时、高效优质地完成科研生产任务，促进国有资产的增值与保值，推动国有资产规模的扩大与自身能力的增强，积极响应国家

号召，推行产业融合协同创新战略实施。这就要求传统的军工企业加强与民用企业的合作，确立各自的分工进行优势互补。随着市场改革力度不断加大，军工企业的生产决策问题越来越重要，产业融合协同创新就表明原来军工企业在一定领域中的垄断地位将要被打破，这也影响了军工企业对于产业融合协同创新战略的态度与观点。

不同的企业、同一家企业在不同发展阶段所处的情况也不同。在“民参军”的过程中，对于战略的选择和设定优先目标是不同的，实力强大资金雄厚的大企业更希望在产业融合协同创新战略的推动下提高自身的知名度和社会影响力；资金困难、实力相对薄弱的企业则更希望通过产业融合协同创新战略与军工企业建立联系，从而获取来自国家、政府、军队的支持与帮助。与此同时，国有企业最大的持股人是国家或者政府，如中石化、中石油，它们都有参与产业融合协同创新战略的意愿，来提升自己的竞争能力。

4. 高校与科研机构

产业融合协同创新，实际上是指国家、军事与社会各个行业产业人才的相互融合，将行业中的资源进行综合运用。在产业融合协同创新主体构成中，科研机构占有一定的地位，由于我国现代军事的发展已经不再是最初的针对战争、战场，而是转向科技、军事技术领域，因此就要把最新的科研成果融入到军事研究过程中，比如航天航空技术开发、高精密仪器研发等，这些都是将科研型人才应用到产业运行中来，将产业融合运用到技术创新主体中，借助航天技术开发人员进行程序研发或者优化升级。

高校以及科研机构自身具备其他组织没有的强劲人才储备及科学知识理论研发能力，人才和科学知识理论是进行科技创新的前提条件，企业需要在其研究基础上进行技术应用。高校构成如图 4-3 所示，各高校组织根据自身优势在科研上的侧重点有所不同，如大学的科研活动相较而言更集中在先进理论知识方法的研究上，而高等职业技术学院则注重对应用科学的研究，并培养具有专业技能的人才。

科研机构由于研究主体和管理机制各不同，因此其组织架构也有所差异，其中部分科研机构由高等学校向政府等相关部门进行申请而设立，由高校进行主要管理，其他科研机构则较为独立，专注于既定科研领域。

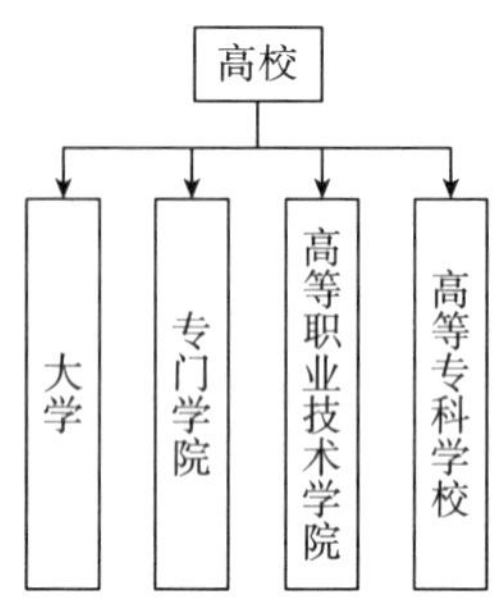

图 4-3　高校构成

高校及科研机构作为产业融合协同创新的重要主体，其具有如下几方面的特征：

（1）学科齐全。

大部分高校设置学科超过十科，全国高等学校学科门类累计超过 1000 种，虽然高校分为综合类、理工类、语言类等多种类型，但学校发展也并非仅限于相关领域，因此在进行科研活动时所涉及类型较为丰富齐全，讲究多学科相互渗透交叉发展。

（2）人才设备齐全。

高校不仅具有科研能力强的师资队伍，还有学习能力强的大学生群体，因此高校具备其他参与产业融合协同创新组织所不具备的强劲知识研究人力资源。此外，国家对于高校重点学科建设十分重视，因此较多比例高校内都设置有国家级重点实验室以便进行科研活动以及跨学科研究。

（3）外部性。

由于科研机构的主要任务为在某一领域进行创新技术研发，致力于发现新规律，且研发成果对自身影响较小，但对除科研机构以外的社会或经济主体具有影响作用，成功的技术研发会为其他主体带来可观收益，但技术缺陷也会使其他主体陷入危机之中，因此其外部性特征较为明显。

(4) 偏重柔性管理。

科研机构与企业不同，企业的管理主要针对生产线、库存等物品的规划管理及问题解决，而科研机构的产出成果主要为无形的知识技术产权，进行“生产活动”的为科技研发人员，因此科研机构的管理主要针对人，而人是具有主观意识的主体，严格的约束管理体系并不会使管理成果达到极致，反而会限制科研人员开放的思维，因此科研机构的管理大多采取柔性管理模式。

科技创新不仅需要实现技术应用化，更需要坚实的技术知识理论为其做支撑，高新技术企业在协同创新中落实前者，而高校及科研机构则着重研究后者。高校凭借自身所具有的学科优势以及人才队伍在不同领域研发军民两用技术理论，在提高军民技术水平的同时也提升了自身科研综合能力。

高校及科研机构利用产学研合作创新模式与企业展开合作，不仅促进产业融合协同创新，增强国防和民用科技建设，还使高校及科研机构进行资源优化整合，构建更为科学合理的创新体系。

(二) 产业融合协同创新主体之间的关系分析

1. 政府与军工企业

政府和军工企业都是在国家的统一领导下进行工作，这是政府与军事企业的一个共同点。在军事装备市场不断向地方开放的过程中，军工企业的利益会在一定程度上与政府所代表的地方利益发生冲突，政府希望自己所代表的利益方实现利益最大化，这就会对军工企业的利益份额进行分额，从而使军工企业的利益变小；军工企业也会考虑到自身装备质量和安全问题，对民用企业参与军工企业持有怀疑的态度，不太愿意与民用企业进行合作，从而阻碍了政府享受产业融合协同创新所带来的红利。

2. 政府与民用企业

民用企业是地区发展过程中的重要支柱，在政策、经济上和政府有着密切的关系，这就导致政府和民用企业很容易达成一致，从而为民用企业进入装备市场提供充足的渠道、机会和支持，实现政府和民用企业的双赢，这也是政府在产业融合协同创新战略实施过程中的一个重要手段。

3. 军工企业与民用企业

军工企业和民用企业之间，最核心的关键问题就是竞争与垄断、自成体系和分工协作的问题。如果民用企业一直以竞争对手的身份试图夺取武器装备订单，这就表明军工企业和民用企业之间的关系是矛盾的。这种情况下，由于军工企业基础雄厚、体系庞大，民用企业会在一定程度上受损。军工企业和民用企业这两个主体之间如果想要融合，可以从主承包商和分承包商、核心生产和配套任务的关系入手，民用企业可以选择通过产业融合协同创新战略的方式来实现对相关装备的科研生产，军工企业则可以在原来核心能力的基础上寻求实现转型升级、重点突破。

4. 企业、高校和科研机构

在经济新常态下，世界正在发生新的变化，我国的经济增长方式也发生了变化，正在从要素驱动型的经济增长方式迅速向创新驱动型的经济增长方式过渡，这是我国经济增长发展的必然要求。因此，我国提出了产学研协同创新的方针，这将会在很大的程度上加快我国实现创新驱动发展的国家战略目标。产学研协同创新是指，在企业、高校、科研院所的联合支持下，通过对各机构的要素进行整合来实现创新，从而达到“1+1+1>3”的协同效果。在科技创新的时代背景下，任何一个组织都不是独立存在的，它们不具备全部的资源和技术来供它们进行创新。产学研协同创新可以帮助企业进行新产品的开发及生产，同时可以为科研机构的研究提供充足的资金。

二、产业融合协同创新影响因素分析

（一）外部因素

外部来看，影响产业融合协同创新的因素主要是国家政策法规的支持，经济的发展程度，市场机制的完善程度，资源因素等。

1. 国家政策法规和相关政策的支持

为了促进国家竞争力和国防科学技术的可持续发展，我国有必要为实现产业协同创新，制定强有力的面向产业集成和协同创新的科学技术协同创新机制相关政策和法律。为了完善国防科技和促进相关产业的持续发展，我国政府一直很重视并始终坚持未雨绸缪的战略。实现产业融合协同创新，主要依靠研发能力、技术水平和资源储备的大力推广，在这背后的制度支援也是十分重要的。制度的建立与出台会受到相关国家的政策、规则的巨大影响。因此，实现产业融合协同创新是与国家政策法规不可分割的。

2. 经济发展程度的影响

经济发展程度作为一个重要的宏观因素，影响着不同组织系统之间产业融合的进度，可以说，经济发展水平对产业融合的进度是具有一定影响效应的。产业融合的发展状况促进、支持经济发展水平的进步，同时，经济发展水平也决定了产业融合的发展程度、速度。经济发展程度对于整个产业融合的发展进程具有十分重大的意义。首先，在一定条件下，一个社会的经济发展程度越高，科技水平发展就会越高，产业融合发展所需要的空间和资源就越来越广阔。其次，在经济社会中，资本支持的力度也会影响到产业融合的发展进程。一个国家的经济发展水平与经济发达程度呈现出正相关的趋势，国家给予的财政支持就越大，产业融合的发展进程就越快。以上两个方面的影响因素都在一定程度上对产业融合产生了深远的影响。

3. 完善的市场机制

完善的市场机制可以及时引导需求方向，为创新主体提供新的发展机会，通过市场竞争将创新成果转化为经济价值。特别是通过与各组织的合作，妥善解决资源不足的问题。因此，在产业融合协同创新发展的过程中，必须重视宏观因素的影响，尤其是市场机制的重要作用。

4. 资源因素

无论是什么样的组织，都不可能拥有技术创新所需要的全部资源。民用企业拥有着丰富的组织管理经验和市场竞争能力，但是自身的创新能力和创新水平不够，需要引进相关的军事技术创新成果。首先，军事技术创新系统的利用率不高。其次，军事技术创新系统需要高科技资源的支持，从而形成军事技术创新资源的互补性，资源共享协同是资源共享的关键。通过协同合作，不同的技术创新主体能够克服自己存在的某些缺点，从而提高技术创新能力和效益，实现资源优化配置。技术创新资源包括技术、资本、才能和技术创新的主体所拥有的设备等一系列要素。

5. 政府引导与监督因素

在我国的经济发展过程中，单纯地通过市场机制来促进产学研合作是不够的，需要政府的干预和相关法律制度的建立与支持。政府对于产业融合协同创新的支持主要体现在以下三个方面：首先，消除信息的不对称性，产学研三个主体具有不同的资源和优势，它们有着各自的利益要求，希望通过生产、教育、科研来使自己得到最大化的利益。其次，优化创新资源总体分配，国家创新系统会根据自身的利益启动不同的创新课题，在整个过程中，缺乏整体战略目标，这会导致资源的配置效率低下。最后，发挥制度规范作用，创新主体可以通过制度的规范形成良好的创新预期和创新资源，这是由创新协作的多主体性和创新成果的知识性决定的。

（二）内部因素

内部来看，影响产业融合协同创新的因素主要有信息开放程度、科研经费投入水平、组织因素、企业研发能力、核心科学家因素、文化与信任因素。

1. 信息开放程度

信息开放性反映在产业融合协同创新的科技协同创新机制中，如研究开发合作、技术转移、生产分工、资源共享等多个方面。信息开放主要包括三个层面的不同主体的信息流，这三个层面的信息流分别是外部市场环境信息流、企业主体之间的信息流、企业与其他民间组织各主体之间的信息流。企业内部的信息公开程度会在一定程度上影响企业与外部环境以及企业内部组织之间的交流效果和交流程度。企业存在的信息流开放程度与产业融合科技协同创新的程度呈正相关关系，并且该信息流也与系统的整体发展呈正相关关系。

2. 科研经费投入水平

军工企业所投入的科学研究资金的来源主要分为两部分，一部分是国家层面提供的科研支持资金，另一部分则是军事企业自身的独立投资。科学研究所投入的资金水平会直接影响企业的科学研究能力，对军事企业在技术水平上的提高有着决定性的作用和意义。面对协同创新机制的形成和发展，需要不断提高军事企业科研资金水平从而提高企业的研发能力、减小与军民技术水平的差距，提高军民技术转移程度以及产业融合协同创新程度。能获取什么样的研究开发能力，受研究开发人才的技术水平和知识掌握水平、科学研究资金的投入水平、研究开发装置的先进化程度、研究开发管理系统等诸多因素的影响，其中，科研资金水平可以产生决定性影响。在足够的研究开发资金投入下，我们可以提高综合研发水平，借助先进的研发设备和高水平的研发人才，实现产业集成和联合创新，提高综合的研发水平，更好地实现产业融合协同创新。

3. 组织因素

产业融合协同创新机制通过市场重组资产形成了比较完善的治理结构、激励和约束机制，这样的机制可以激发军事技术和民用技术协同创新系统的可持续发展。创新组织结构、创新人才的培养可以在很大程度上提高创新技术的发展速度，从而促进技术创新成果的普及与应用。与此同时，产业融合协同创新机制的运行还需要信息系统的加入与支持，避免因信息不足和失信产生不利影响。

4. 企业研发能力

民间的研发主要用于满足市场需求，而军队的研发一般服务于国家。军工企业在研发过程中会有一系列的市场活动行为，这些市场活动的最终目的就是满足我国国防产业的需要，在市场活动中，军工企业在研发能力和知识储备方面具有很强的比较优势。

在产业融合协同创新的背景下，为了实现技术上的自主创新和变革，军事企业的研发能力不是简单意义上的核心技术水平，而是需要同时创造和抓住市场提供的大量机会。因此，军企需要不断提高自身的研发能力。除保持知识积累和技术积累外，企业还需要正确把握市场动态。

在产业融合协同创新机制的形成过程中，产业融合协同创新的发展受到军工企业的研发能力的影响。军工企业的研究开发能力受到整个创新机制相关因素的影响，包括科研费用、人才质量、研发仪器等。科研能力也作用于这些因素，形成了持续促进产业融合协同创新进化和发展的良好循环。

5. 核心科学家因素

核心科学家在产业融合协同创新系统中起到了黏合剂的作用，提高了组织的工作效率，他们可以作为组织中的信息交流者、导向指引者、资源整合者。正是因为核心科学家的存在，组织的创新能力得到不断加强，目标更加明确，发展速度不断提高。

6. 文化与信任因素

文化和信任作为产业融合协同创新机制的软因素，具有显著的特征。文化是产业融合协同创新成员交流和行动的基准，文化的核心就是价值。信任是人与人之间进行交流的有效因素，如制度信任、能力信任等。成员对组织怀有信任感可以有效降低经费支出。而成员之间彼此怀疑失去信赖，组织的工作效率也会大幅度下降。

（三）动力因素

（1）各参与主体包括政府、企业及高校科研机构等，在科技创新工作中分工明确有序，可执行职能健全，参与主体类型较为丰富，可以考虑到更多科技创新领域开发点，更有利于产业融合协同创新的科技领域顺畅创新建设。

（2）技术产权决定着企业在市场中的竞争优势，因此企业大都拥有较多先进技术使用权，具有技术多样性特点，在产业融合协同创新领域技术的融合创新上会避免部分技术短缺问题。

（3）具备完善管理体制，不管是具有军工精神的军用企业，还是具有超前发展眼光的民用企业，其内部均形成一套完备的管理体制，对人才、物料进行科学管理，且二者合作有助于管理人员发现彼此管理体系现存问题并进行改善。

（4）高质量人力资源丰富，企业、高校及科研机构由于技术、知识理论开发需要，招揽各地人才，因此在科技创新方面具备较强人才优势。

（5）军工企业与民营企业的交流加速两类企业技术融合进展，军工技术与

民用技术具有不同特点，进而从彼此现有技术中发现创新契机，如何使这些不同点和谐融合升级是军民技术融合的难点。

（四）障碍因素

（1）产业融合协同创新过程中大部分表现为军工技术在民用领域的融入，而民用技术国防化的成果较少，这使创新效果产生较大折扣，难以实现技术互相创新、促进。

（2）由于军方技术具有保密必要性，其技术涉及国家安全，因此在与民营企业进行技术交流时会有较大保留或拒绝向民营企业提供军方技术，以至于民营企业在此过程中需承担较大的市场开发风险。

（3）由于产业融合协同创新发展尚未达到成熟阶段，其协同创新基金平台建设缺乏成熟度，基金在市场中影响力不占优势，进而无法对协同创新投资规模进行深度开发拓展，使军工企业及民营企业发展受限。

（4）军工企业的特殊性导致该类企业具有较强领导力及支配力，对于民营企业会产生一定压迫感，使民营企业在合作过程中面临失去企业特色的风险，更多地完成军工企业下达命令，失去部分企业自主性，导致二者无法实现决策完全自主。

（5）大部分科研人员在科研成果研制成功后会选择将成果公开，这会为科研人员带来更多与企业合作的机会，并提高其学术名誉知名度。但许多军工相关项目涉及技术保密等问题，不允许技术成果公开，因此双方会产生较难调和的冲突。

（6）政策法规不够健全，虽然我国对产业融合协同创新所要实现的目标有明确规划，但在实施过程中政策上缺少必要顶层设计，使产业融合协同创新所受保障不够健全。

（7）军工企业在转行至民营企业类型时会面临较难融入市场的情况，这是由于军工企业在未转型前技术研究领域偏向军事重工领域，具有性质特殊、受众面小等特点，因此在转型之初存在多种阻碍。

（8）科技研究创新需要较多资金支持，虽然我国在军民科技融合领域实施开放性投资模式，但获取外部投资的渠道相对单一，因此无法获取较多的资金投入。

（五）环境因素

（1）随着生活质量的持续提高，部分产业融合协同创新领域研究成果逐渐受到大众欢迎，最为显著的便是无人机进入居民生活中。这些居民新增需求对产业融合协同创新提出更高要求，企业根据居民显性需求探索其隐性需求，从而确定准确度更高的创新方向。

（2）产业融合协同创新是国家为将国防现代化建设与经济社会发展体系相融合所制定的国家战略，其目的不仅是促进国家经济迅速发展，更是为我国国防力量增添雄厚科技实力。因此，国家对产业融合协同创新领域实行减税免税及其他扶持政策，以保证产业融合协同创新领域科技创新质量，建立具有强大保障力量的制度环境。

（3）我国经济发展已由盲目追求增长速度转变为追求经济高质量发展，构建坚实经济基础，提高经济效益。这为产业融合协同创新发展提供了稳定经济环境，良好的经济氛围有助于降低企业科技创新研发风险，承担风险能力相对增强。

（4）高新技术产业市场中经常会出现垄断现象，这种垄断与其他领域不同，高新技术产业的垄断在一定程度上起到积极作用，规范市场秩序，如通信领域若失去垄断现象则会出现各企业技术标准各不相同的现象，难以实现功能共用。因此，高新技术领域的垄断现象对行业标准统一具有积极作用，也为产业融合协同创新领域科技创新起到规范约束作用，以保证其稳健发展。

（5）除宏观环境要素外，微观环境要素也对企业发展具有重要意义，如竞争环境、企业性质、供应商稳定性及资源可获得情况等。由于产业融合协同创新构成主体相对丰富多样，因此在市场中占据有利竞争地位，军工企业的特殊性也决定其供货具有稳定性特点，由此可见产业融合协同创新微观环境保证其发展内部稳定性。

三、资源共享机理模型分析

（一）产业融合协同创新资源共享要素分析

产业融合协同创新最为重要的便是科研资源，实验室是进行科研活动的主要场所，因此在产业融合协同创新过程中应实现实验室资源共享，包括国家重点实验室、国防科技重点实验室等。实验室资源具体指实验所用先进设备仪器、实验材料等，此外，为更好地对现有技术进行完善，实验所用原始数据及衍生数据也应共享，但由于部分军工技术数据涉及国家安全，可以考虑共享部分数据。

知识资源对于产业融合协同创新发展具有重要的意义。企业能否获取超额的利益取决于知识积累的程度。与此同时，知识的积累量也决定了两类企业在产业融合协同创新的过程中可以支配的资源量，这对产业融合协同创新资源共享具有十分重要的影响。企业就是要不断地学习，在学习的过程中不断收获重要的知识。对于一个企业来说，知识的获取和利用可以从深层次决定该企业的竞争优势，避免被竞争对手模仿，以保持自身的优势条件。可以通过将管理知识和生产知识等结合起来，充分发掘对各种知识资源的获取能力、处理能力和创新能力，实现可持续发展。只有进行知识资源的共享，才会对产业融合协同创新发展起到推动作用。

技术资源是产业融合协同创新过程中必不可少的一种资源。技术不仅可以解决软件方面存在的现实问题，而且可以为硬件设施设备的运行提供相应的支持从而解决生产中的实际问题。软件和硬件两方面的技术应用构成了整个组织中的关键要素——技术资源。技术资源的共享可以为产业融合协同创新发展提供可能，从而为产业融合协同创新打下牢固的基础。产业融合协同创新资源共享不局限于技术领域，还包括市场信息共享，由于民营企业在市场调研方面能力胜于军工企业及高校等组织，因此应考虑将市场调研信息在体系内公开，以便各参与主体从信息中发现消费者隐藏需求及创新契机，对信息进行充分剖析以提高调研成功率。

人才是创新的主导，也是创新思维产生的重要源泉，作为主导力量，一个组织失去了人才，创新就从根本上失去了它本该拥有的意义。每个人都是有差异性的，在学习、创新、解决问题等方面都是不同的。因此，在产业融合协同创新发展过程中，需要选拔出优秀的人才投入到协作过程中去，随着人才的不断投入，创新思维不断产生。高校及科研机构具有丰富的人才资源，人的思维的开放性与自主性决定其具备创新条件，因此高校及科研机构可以考虑指派人才对军民企业进行调研，发现其组织内部现存问题并为其提供解决方案，以便协同创新实现高质量发展。

资金主要包括产业融合协同创新发展过程中所需要的各种经费，大体可分为科研经费和企业资金。有了资金的正常投入才能使协作过程正常地运行下去，并且，资金投入的多少影响到科技创新的活跃程度与积极性，从而影响到其他各种资源的获取程度，进而影响到人才的工作满意度，最终导致积极性的变化影响协同效率。

信息资源是我们根据工作生产需要，通过各种渠道获得并进行整合或者加工，形成我们所需要的资源集合。这些信息可以在产业融合协同创新过程中进行共享，从而在各个参与主体之间建立一种合作协调的关系，利用各种先进的技术方法共同利用信息资源，最大限度地满足全部的工作。

仪器设备资源共享是由地方政府主导、各大单位企业构建的一个设备仪器资源共享平台，在这个平台上可以进行技术、方法的交流，并把各个科研院所和相关高校的设备仪器放在平台上进行展示，以便于企业在自身实力不足的时候使用，加快企业的壮大成长。这不仅提高了仪器设备资源的利用率，也在一定程度上解决了企业某方面的困难。产业融合协同创新发展过程中，企业可以通过仪器设备资源共享，拉近与科研院所和高校之间的距离与联系，不断进行创新发展。

（二）产业融合协同创新资源共享网络模型构建

运用 VENSIM 软件构建的产业融合协同创新资源共享的网络模型，如图 4-4 所示。

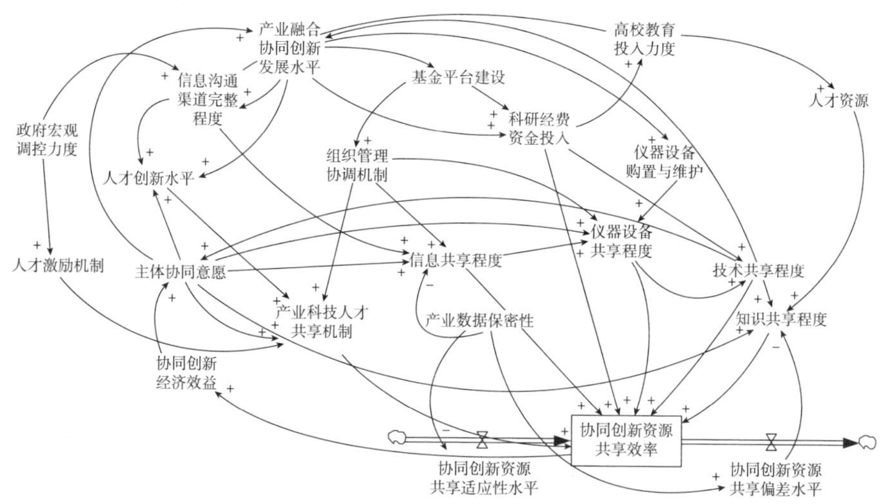

图 4-4　产业融合协同创新资源共享的网络模型

（三）产业融合协同创新资源共享机理分析

在“产业融合协同创新资源共享的网络模型”基础上，用 VENSIM 软件分析给出协同创新资源共享的网络模型反馈回路（见图 4-5）。

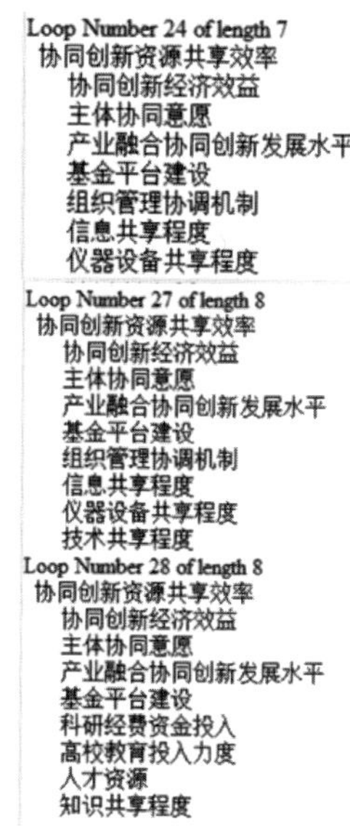

Loop Number 24 of length 7
协同创新资源共享效率
协同创新经济效益
主体协同意愿
产业融合协同创新发展水平
基金平台建设
组织管理协调机制
信息共享程度
仪器设备共享程度

Loop Number 27 of length 8
协同创新资源共享效率
协同创新经济效益
主体协同意愿
产业融合协同创新发展水平
基金平台建设
组织管理协调机制
信息共享程度
仪器设备共享程度
技术共享程度

Loop Number 28 of length 8
协同创新资源共享效率
协同创新经济效益
主体协同意愿
产业融合协同创新发展水平
基金平台建设
科研经费资金投入
高校教育投入力度
人才资源
知识共享程度

图 4-5　产业融合协同创新资源共享的网络模型反馈回路

可以得出反馈回路有 28 条，其中相对重要的分别为第 24、第 27 和第 28 条反馈回路：

（1）协同创新经济效益↑→主体协同意愿↑→产业融合协同创新发展水平↑→基金平台建设↑→组织管理协调机制↑→信息共享程度↑→仪器设备共享程度↑→协同创新资源共享效率↑。

该反馈回路表明，协同创新经济效益的提高，促进了主体协同意愿的增强，使产业融合协同创新发展水平提高，基金平台建设不断得到完善，组织管理协调机制的增加提高了信息共享水平，进而完善了仪器设备共享水平，最终促进协同创新资源共享效率得到提高。该反馈为正反馈。

（2）协同创新经济效益↑→主体协同意愿↑→产业融合协同创新发展水平↑→基金平台建设↑→组织管理协调机制↑→信息共享程度↑→仪器设备共享程度↑→技术共享程度↑→协同创新资源共享效率↑。

该反馈回路表明，产业融合协同创新经济效益的提高，促进了主体协同意愿的增强，使产业融合协同创新发展水平提高，发展水平的提高促进了基金平台完善建设，进而增强组织管理协同机制以提高信息共享能力，信息共享能力的不断提升，加快了仪器设备在网络平台上的分享，使更多相关技术得以分享，最终促进协同创新资源共享效率的提高。该反馈为正反馈。

（3）协同创新经济效益↑→主体协同意愿↑→产业融合协同创新发展水平↑→基金平台建设↑→科研经费资金投入↑→高校教育投入力度↑→人才资源↑→知识共享程度↑→协同创新资源共享效率↑。

该反馈回路表明，协同创新经济效益的提高，促进了主体协同意愿的增强，使产业融合协同创新发展水平提高，基金平台建设不断完善，政府会不断加大科研经费资金投入，从而使高校教育投入力度不断加大，高校内培养更多人才，使社会知识共享程度得到提升，最终促进协同创新资源共享效率的提高。该反馈为正反馈。

四、知识增值机理模型分析

（一）产业融合协同创新知识增值要素分析

产业融合协同创新过程中包括企业知识、产学研知识、高校/科研机构知识等知识创新资源可以共享。

产业融合协同创新发展过程中参与的企业和核心组织不断生产出创新所需要的知识，这些知识通过一定的信息共享渠道在高校、科研机构以及相关组织之间进行传播，最终导致知识溢出。知识溢出的过程，就是知识流在供给方、接收方和中介之间流动的过程，在知识源主体的不断供给过程中，各主体间形成了知识势能差。随着势能差的变化，知识溢出的动力也发生了变化，从而推动了各个组织与环境之间的联系与交互，引发一系列的连锁反应。

知识溢出的整个过程中，企业的知识吸收能力主要表现在创新知识的吸收、处理和再创新这几个能力上。企业对于知识的识别与判断主要与企业所身处的环境有关，企业会利用自身所具备的技术能力把获得的知识转变为新的可以利用的资源并进行推广。如果企业不具备较高的能力，而只是吸收能力的话，相应地就不会在预期内产生知识溢出效应。

产学研知识溢出能够创造机遇，但也会带来一定程度的风险与挑战。产学研的目的是在企业、高校、科研机构之间形成有效的知识流，在知识溢出的情况下提高产学研协同创新的成效。与此同时，知识溢出也存在着一些消极影响，如对于知识溢出实行长期的依赖，会导致处于知识的劣势方减少对自身提高知识能力的培养；在知识溢出过程中，从长期效果来看会弱化知识优势一方的竞争能力优势。

高校和科研机构在知识资源方面具有十足的优势。通过高校和科研机构之间的协同合作，可以在一定程度上实现对资源的互补与利用，减少不必要的资源浪费，避免不确定性风险的产生。高校和科研机构可能产生过知识溢出减少市场失灵情况下造成的不利影响，快速适应与发展相结合的知识体系。因此，高校和科研机构的不断合作使整个知识创新体系的范围不断扩大。

知识增值是指组织已经获取相关知识并且这些知识已经达到了创造价值的过程，可以分为质量层面的增值和数量层面的增值。数量层面的增值指的是知识在数量维度上的增加，组织可以通过在团队数量上的增值获取更多的知识。质量增值的过程更强调知识的质量上发生的提升，这是组织通过知识创新来完成的。

（二）产业融合协同创新知识增值网络模型构建

运用 VENSIM 软件构建的产业融合协同创新知识增值的网络模型，如图 4-6 所示。

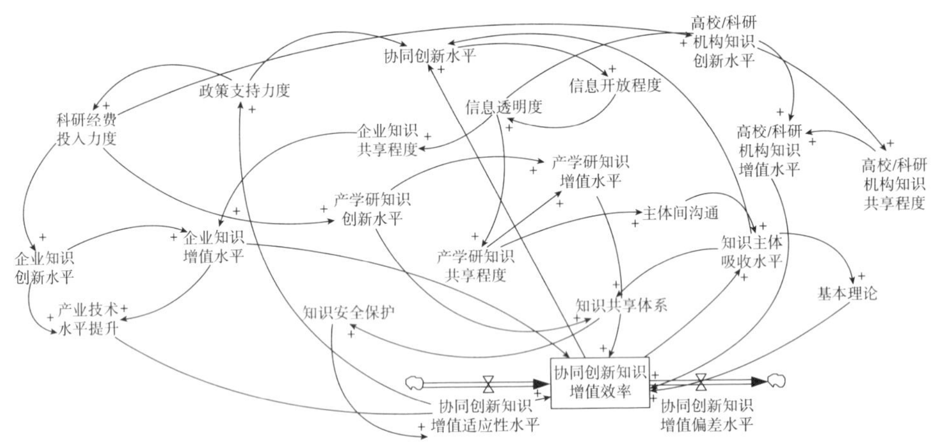

图 4-6　产业融合协同创新知识增值的网络模型

（三）产业融合协同创新知识增值机理分析

在“产业融合协同创新知识增值的网络模型”基础上，用 VENSIM 软件分析给出协同创新知识增值的网络模型反馈回路（见图 4-7）。

Loop Number 20 of length 13
协同创新知识增值效率
协同创新水平
信息开放程度
信息透明度
产学研知识共享程度
主体间沟通
知识主体吸收水平
知识共享体系
知识安全保护
协同创新知识增值适应性水平
政策支持力度
科研经费投入力度
高校/科研机构知识创新水平
高校/科研机构知识增值水平

Loop Number 23 of length 13
协同创新知识增值效率
协同创新水平
信息开放程度
信息透明度
产学研知识共享程度
主体间沟通
知识主体吸收水平
知识共享体系
知识安全保护
协同创新知识增值适应性水平
政策支持力度
科研经费投入力度
产学研知识创新水平
产学研知识增值水平

Loop Number 24 of length 14
协同创新知识增值效率
协同创新水平
信息开放程度
信息透明度
产学研知识共享程度
主体间沟通
知识主体吸收水平
知识共享体系
知识安全保护
协同创新知识增值适应性水平
政策支持力度
科研经费投入力度
企业知识创新水平
企业知识增值水平
产业技术水平提升

图 4-7 产业融合协同创新知识增值的网络模型反馈回路

可以得出反馈回路有 24 条，其中相对重要的分别为第 20、第 23 和第 24 条反馈回路。

（1）协同创新水平↑→信息开放程度↑→信息透明度↑→产学研知识共享

程度↑→主体间沟通↑→知识主体吸收水平↑→知识共享体系↑→知识安全保护↑→协同创新知识增值适应性水平↑→政策支持力度↑→科研经费投入力度↑→高校/科研机构知识创新水平↑→高校/科研机构知识增值水平↑→协同创新知识增值效率↑。

该反馈回路表明随着产业融合协同创新水平的提高，信息开放程度不断加大，进而增加信息透明度，使产学研知识共享程度得以提高；知识共享程度的提高使产学研相关主体间沟通更加频繁，提高知识主体吸收水平，从而完善知识共享体系的建设，使体系内知识安全得到保证，进而提高协同创新知识增值适应性水平，以得到更多政策的支持，增加科研经费的投入，高校及科研机构知识创新水平得以提升，从而增强高校及科研机构的知识增值水平，最终促进协同创新知识增值效率提高。该反馈为正反馈。

（2）协同创新水平↑→信息开放程度↑→信息透明度↑→产学研知识共享程度↑→主体间沟通↑→知识主体吸收水平↑→知识共享体系↑→知识安全保护↑→协同创新知识增值适应性水平↑→政策支持力度↑→科研经费投入力度↑→产学研知识创新水平↑→产学研知识增值水平↑→协同创新知识增值效率↑

该反馈回路表明随着产业融合协同创新水平的提高，信息开放程度不断加大，进而增加信息透明度，使产学研知识共享程度得以提高；知识共享程度的提高使产学研相关主体间沟通更加频繁，提高知识主体吸收水平，从而完善知识共享体系的建设，使体系内知识安全得到保证，进而提高协同创新知识增值适应性水平，以得到更多政策的支持；增加科研经费的投入，产学研知识创新水平得以提升，从而增强产学研的知识增值水平，最终促进协同创新知识增值效率提高。该反馈为正反馈。

（3）协同创新水平↑→信息开放程度↑→信息透明度↑→产学研知识共享程度↑→主体间沟通↑→知识主体吸收水平↑→知识共享体系↑→知识安全保护↑→协同创新知识增值适应性水平↑→政策支持力度↑→科研经费投入力度↑→企业知识创新水平↑→企业知识增值水平↑→产业技术水平提升↑→协同创新知识增值效率↑。

该反馈回路表明随着产业融合协同创新水平的提高，信息开放程度不断加

大，进而增加信息透明度，使产学研知识共享程度得以提高；知识共享程度的提高使产学研相关主体间沟通更加频繁，提高知识主体吸收水平，从而完善知识共享体系的建设，使体系内知识安全得到保证，进而提高协同创新知识增值适应性水平，以得到更多政策的支持；增加科研经费的投入，企业知识创新水平得以提升，从而增强企业的知识增值水平，促进产业技术水平的提高，最终促进协同创新知识增值效率提高。该反馈为正反馈。

五、创新行为协同机理模型分析

（一）产业融合协同创新行为要素分析

产业融合协同创新过程中主要包括这几种创新行为：协作、沟通交流、学习、组织、实施。组织在确立总目标之后，带头人会根据计划要求进行有效的组织与实施，首先是对主体成员进行合理化的分工，明确每一位参与成员的任务，并让其承担相应的责任，保证合作是平等进行的，这样既有利于调动参与成员的积极性，又能激发他们的创造力。在明确各自的任务后，参与成员会以组织的总目标为核心进行合作。在目标完成的过程中，参与成员之间可以交流意见和建议，交换各自的看法和思想，从而促进组织内部的交流与沟通。在沟通的基础上，组织中的成员可以加深对彼此的了解，形成一种良好的人际关系，进一步加强信息的沟通与反馈。在合作研究的过程中，参与成员之间的沟通过程其实就是一种相互学习的过程，在沟通中学习，在学习中合作。

由此可见，产业融合协同创新发展中参与成员的协作越紧密，沟通与交流的效果就越好，学习的能力就越强。高校、企业、科研机构等组织具有较高的组织能力和适应能力，成员之间的沟通效果越好，信息的反馈速度就越快，组织之间的关系就会越来越融洽，最终能促进参与成员的学习与协作。

高等院校是我国进行自主创新的重要组织机构，其组织行为始终围绕着实现技术创新、成果转化等展开，培育创新性人才，在协同创新体系中发挥着重要作用。高校提供的知识理论资源对我国经济建设、国防建设具有提升作用，其理论知识为企业技术创新提供切入口，还有不少高校建立国防科研机构，为我国产业融合科技创新体系完善做出贡献。

多地市政府与企业、高校进行合作建立科技产业园区，涉及领域主要集中在海洋、通信、重工等，政府为科技园区提供财政税务优惠政策，发挥资源配置作用，并对科技园区行为进行约束以保证其正常运营。企业则为科技园区提供技术保障，完善运营制度体系，根据对市场的探索制定发展战略，提高企业竞争力及收益率。高校则利用自身人才优势及强劲理论知识开发能力为科技产业园提供坚实开发基础，走在科技前端。

在产业融合协同创新过程中，各参与主体通过发挥各自独特优势，为协同创新体系注入活力，从而使创新体系更具竞争优势。

（二）创新行为协同网络模型构建

运用 VENSIM 软件构建的产业融合科技创新行为协同的网络模型，如图 4-8 所示。

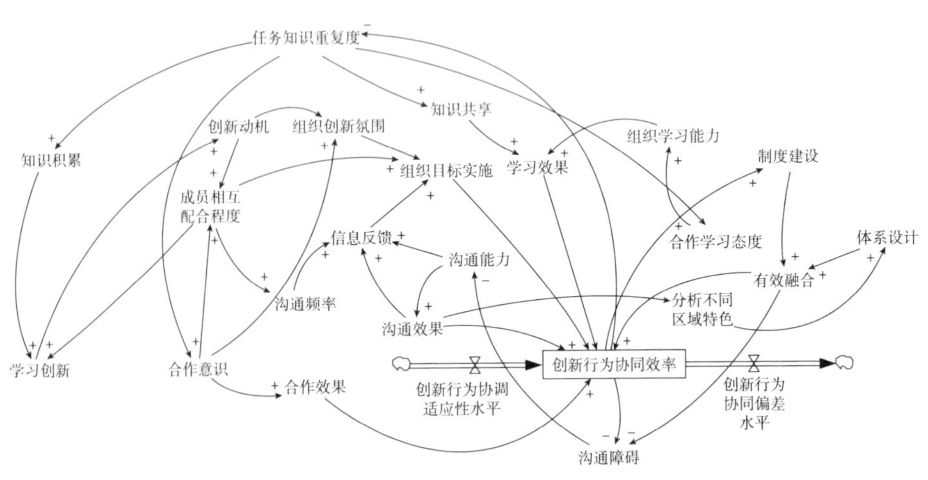

图 4-8　产业融合科技创新行为协同网络模型

（三）创新行为协同机理分析

用 VENSIM 软件分析给出产业融合科技创新行为协同的网络模型反馈回路（见图 4-9）。

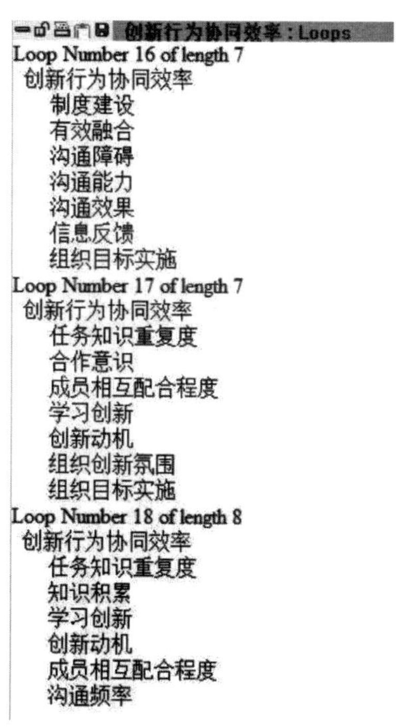

图 4-9　产业融合科技创新行为协同的网络模型反馈回路

可以得出反馈回路有 18 条，其中相对重要的分别第 16、第 17 和第 18 条反馈回路：

（1）制度建设↑→有效融合↑→沟通障碍↓→沟通能力↑→沟通效果↑→信息反馈↑→组织目标实施↑→创新行为协同效率↑。

该反馈回路表明，随着制度建设水平的提高，各要素之间有效融合，从而减少了成员之间的沟通障碍，使沟通的能力和效果得到提高，信息反馈的速度和效果不断提升，促进了组织目标的实施，最终促进创新协同行为效率的提高。该反馈为正反馈。

(2) 任务知识重复度↑→合作意识↑→成员相互配合程度↑→学习创新↑→创新动机↑→组织创新氛围↑→组织目标实施↑→创新行为协同效率↑。

该反馈回路表明，随着任务知识重复度的提高，组织之间成员的合作意识不断增强，从而提高了成员之间的相互配合程度，使学习创新能力得到提高，产生新的创新动机，组织的创新氛围更加浓厚，促进了组织目标的实施，最终促进创新协同行为效率的提高。该反馈为正反馈。

(3) 任务知识重复度↑→知识积累↑→学习创新↑→创新动机↑→成员相互配合程度↑→沟通频率↑→创新行为协同效率↑。

该反馈回路表明，随着任务知识重复度的提高，知识积累的总量不断增加，使学习创新能力得到提高，产生新的创新动机，从而提高了成员之间的相互配合程度，使沟通的频率得到提高，信息反馈的速度和效果不断提升，促进了组织目标的实施，最终促进创新协同行为效率的提高。该反馈为正反馈。

六、青岛产业融合协同创新的 PEST 与 SWOT 分析

(一) 青岛产业融合协同创新的 PEST

为更清晰系统了解青岛市产业融合协同创新目前所面临的宏观环境状况，本部分将采用 PEST 分析方法分别从政治（Politics）、经济（Economy）、社会（Society）、技术（Technology）四个方面进行分析。

1. 政治

青岛作为我国新一线城市，在发展经济的同时也注意与国家重要政策相吻合，2019 年青岛加大在产业融合协同创新领域的发展攻势，紧紧贴合党的十九大报告中提出的深度发展产业融合协同创新格局要求。为实现青岛市产业融合协同创新高质量发展，青岛西海岸新区军民融合发展委员会办公室制定出台了《军民融合深度发展促进办法》，在促进办法中对协同创新提出了相应的解决办法，

如实现技术成果军民两用，加强军用企业与民用企业之间的技术交流与协作，以及完善产业融合技术评价体系。

2. 经济

在2020年上半年统计中，青岛市GDP达到5514.7亿元，经济增速为0.1%，位居全国第14位，整体经济实力在全国处于上游位置。青岛市产业融合协同创新经济领域主要集中在推进产业融合发展方面，企业融合各自优势构建青岛市产业融合协同创新市场化体系，增强青岛市经济领域在全国市场中的核心竞争力。

青岛营商环境指数为80.82，位居全国第13名，这说明青岛市营商环境较为活跃，有助于推动地区经济发展，有助于吸引其他地区企业前来发展。

3. 社会

青岛身为一座海滨城市，具有优渥的地理环境优势，并且具有青岛海军基地，是我国最为重要的海军航母基地之一，青岛海军基地开始组建于1950年，历史悠久并具有一套较为完整的军事管理体系，在军事方面具备较强实力。

在居民生活方面，青岛市常住人口超过900万，人力资源丰富，因此企业在人力驱动方面所需承担的风险较小，并且青岛是一座国际化、年轻人口较多以及具备较为完善的公共设施的城市，具有创新发展活力。

4. 技术

技术创新在产业融合协同创新中发挥着不可忽视的作用，青岛市技术市场也具有较强实力，2019年青岛市共有高新技术企业3829家，较2018年增加11.7%。青岛市政府也认识到技术的重要性，因此在2019年实施科技带动城市建设的发展策略，创建“科创生态城”，在这个过程中资金、产业与人才实力都得到了相应提高，这也说明青岛技术市场形式较为丰富。

（二）青岛产业融合协同创新的SWOT分析

SWOT分析法又被称作优劣势分析法、态势分析法，是经典的发展分析方法，S、W、O、T分别代表优势（Strength）、劣势（Weaknesses）、机会（Opportunities）、威胁（Threats），SWOT即四种分析的有机组合，制定更为全面的企业发展策略。本部分将对青岛市产业融合协同创新发展情况进行详细 SWOT 分析。

1. 优势

青岛市产业融合协同创新相关项目开设时间较早，早在 2013 年我国首艘航母在古镇口军港驻泊之时，青岛市便在军港附近建设青岛产业融合协同创新示范区，且古镇口位于西海岸新区中心，因此具有地理位置优势，区域经济发展具有巨大潜力，为科技创新提供资金支持。

目前，青岛市共有产业融合协同创新重点项目 11 项，其中包含科技、人文等领域多元化融合。由于青岛具有强劲海洋优势以及海军部队优势，因此其协同创新集中于发展特色海洋产业，建立涉海涉军创新发展先区，具体表现有哈尔滨工程大学青岛船舶科技园的建立，该园区是主要研发高科技船舶、水声信息装备以及海洋新材料的海洋科技与产业融合协同创新相结合的特色产业园区。

青岛产业融合协同创新的优势具体体现在以下四个方面：

第一，战略地位显著。为推动青岛产业融合协同创新产业发展，地方党委、政府、军区相继出台有利于青岛发展军事产业的相关政策，在政策方面做出相应的支持工作。通过解决阻碍产业融合协同创新发展战略实行的系统和政策问题，为产业融合协同创新发展树立了明确的目标导向，推动开发新型产业融合发展模式。

第二，独具特色的战略区位。青岛是中国的重要海防要塞，凭借独特的地理优势、连接内陆南北推动着青岛市产业融合创新发展，形成了具有鲜明特色的发展模式。

第三，具备优良的产业融合发展条件。青岛市交通网络十分发达，海陆空交通便利。同时，青岛海域辽阔、具有良好的海洋生态环境，海岸线长且海洋资源十分丰富。

第四，具备良好的产业融合发展基础。新常态这一背景下，青岛的经济增长率十分平稳，在开发海洋经济的基础上持续不断地优化相关的产业结构。在“十二五”期间，青岛市经济增长率达到了年平均 17%，这为青岛在产业融合协同创新发展方面提供了相对较稳定的大环境。同时，青岛的教育科研环境也是十分优良的，如拥有中国海洋大学和海军潜水艇学院等国家级海洋教育机构共计七家；

军事科研机构与生产单位共计约100家，其中包括中集、大唐、前湾港、中船重工、海尔、海信等知名企业。青岛在港口运输方面有着十分巨大的优势与竞争力，在海洋产品的研究中占有十分重要的地位。这一系列的优势为青岛产业融合协同创新发展提供了优越的发展环境。

2. 劣势

青岛市的地理位置既为青岛带去一定优势，但也为之带来不少困扰。首先，青岛市内部各地区之间距离较远，外部则表现在相邻城市较少，城市间的沟通较为困难。其次，青岛虽然具有多所高校，但各高校自身科技创新实力并不强，大部分科研未能真正投入实践，缺少高质量技术研究人才，这也是目前阻碍青岛市科技创新的主要因素。

协同创新中企业也发挥着重要作用，但目前青岛市场中具有竞争实力的企业相对较少，仅海尔、海信等老牌企业具有一定竞争实力，因此实现各企业协同创新发展、提高企业实力也是目前青岛市需要解决的问题。

青岛产业融合协同创新的劣势具体体现在以下两个方面：

第一，虽然青岛市的产业融合协同创新数量相对较多，但缺乏一定的系统规划。青岛积极响应产业融合协同创新战略号召，在两方面进行了努力发展——产业融合协同创新和海洋科技。青岛针对军事海洋企业提出了许多项目合作，通过项目合作的方式加大招商引资，可是这其中也存在项目合作领域广泛、数量庞大但各个产业缺乏相应的系统性规划等问题。

第二，产业融合协同创新发展过程中缺乏创新性，国内港口经济相关或相匹配的产业有限且基础薄弱，产业融合协同创新发展缺少重大项目的扶持与带领。青岛创新型人才不足，产业基础比较薄弱。

3. 机会

青岛市具有基础雄厚的产业链条，正积极发展工业互联网经济，处于胶东经济圈核心位置，因此其所面临的发展机会较多。并且青岛早在2013年便有产业融合协同创新经验，因此只需在产业融合协同创新基础上研究如何做到高质量科技协同创新，目前各高校正逐渐培养人工智能及大数据相关人才，该类人才对于科技创新进步具有推进作用，也是各地区争夺的人才资源，因此青岛市政府应制定人才吸引政策，以便吸引更多的高质量科研人才。

此外，青岛各企业也应借助市场开放性学习其他创新型企业发展模式，提高自身自主创新能力或模仿创新能力，两种创新模式能够不同程度地增强企业创新实力。协同创新可以使各组织获取更多有效信息，进而对控制科技研发成本起到积极作用。

青岛产业融合协同创新面临的机会具体体现在以下两个方面：

一方面是国家战略机遇。首先，实施产业融合协同创新开发战略给我国发展产业融合协同创新提供了新的机遇与平台，我国的“十三五”规划中提出，今后我国会积极推进产业融合协同创新计划的开发，推进更多重大项目的开发，从而优化军民共享的先进技术，对我国的边防建设进行不断的加强与改进。青岛市在海洋领域、军事领域等方面拥有很多独特的优势，与此同时，实施产业融合协同创新的国家战略也给青岛提供了相应的制度与政策扶持。其次，我国出台的海洋强国战略也为产业融合协同创新尤其给母港产业带来很多的发展机会。青岛具备加快港口经济发展和军事保障建设的基本条件，处于中国重要的港口战略位置。中国首艘航空母舰落户青岛后，航母和船舰的器材支援、技术支持、人才支持、物流支援、军属就业、生活保障等方面，形成了对地区经济、社会发展的巨大需求牵引。并且，它为产业融合协同创新的相关产业的进一步发展提供了巨大的空间。在这一背景下，一系列新的要求包括海军、海洋经济发展需求，海军现代化需求，海军陆战队权利保护的需要，海洋保护装置发展需求，海洋权力需求等，成为了建立产业系统、推动青岛产业发展的最新牵引力。

另一方面这是海洋开发过程中的历史机遇。首先，深海和远海的发展为海洋工程设备和开发陆上支援基础设施提供了大量的机会，这成为各个国家之间相互竞争的焦点。青岛西海岸拥有大量的生物资源、矿产资源、海洋资源等，为我国海洋开发战略提供了坚实的基础，同时还能进一步完善港口功能，推动港口设备、海洋装备等产业的快速发展。其次，海洋关键核心技术的突破，为海洋经济的发展和产业融合协同创新产业的发展提供了强大的科学技术支持。青岛会凭借自己独特的优势，在突破海洋关键技术方面取得更大的成就。最后，当今世界在海洋权益方面存在着许多不同程度的问题，海洋权益关系在不断地变化，这为海

洋军事相关的产业发展准备了更加充分的空间。为了保障我国的海洋权益，青岛会不断促进军事产业的发展，建设特色海军城市，推进产业融合协同创新战略的发展。

4. 威胁

青岛市协同创新主要集中在造船、海洋以及航空方面，产业融合协同创新领域不够全面，仅实现部分领域开展产业融合协同创新工作，这不仅是由青岛的地理位置所决定，更是因为青岛市产业结构存在不平衡、不科学等问题。相较于其他新一线城市，青岛各企业在新兴产业上的能力较弱，目前全国各地也正有多个城市在逐步向前发展，如郑州、重庆等城市，该类城市具有较大吸引力，招揽各企业前来投资以及提供研发技术，进而为该地区产业融合协同创新发展助力，这对青岛市产业融合协同创新发展也是一个巨大的威胁。

青岛产业融合协同创新面临的威胁具体体现在以下两个方面：

一方面，世界性经济增长的减速也导致了需求的不断减少。自国际金融危机爆发以来，全球经济在增长上的不确定性提高，整体经济复苏趋势不断减弱。由于国际保护主义和反全球化措施政策的不断增加，发达国家的反倾销对策逐渐得到加强，国际间的贸易活动开始保持下降的趋势。因此，中国的贸易进口和出口的市场环境开始变得更加恶劣。

另一方面，产能过剩问题给中国带来了新的挑战，青岛根据产业融合协同创新产业发展布局作出新的应对措施，化解产能过剩导致的一系列经济社会发展问题。

5. SWOT 矩阵分析

根据上述分析做出 SWOT 矩阵分析（见图 4-10），以便为后续研究对策提供思路：

通过 SWOT 矩阵分析，形成了 SO 战略：依靠突出的战略地位、极具优势的战略区位、产业融合发展禀赋条件以及发展基础，抓住国家战略发展机遇和海洋发展形势的机遇；WO 战略：在国家战略机遇和海洋发展形势机遇下，结合更多的产业融合协同创新项目弥补系统性规划不足、产业发展创新不足、基础薄弱的缺点；ST 战略：依靠突出的战略地位、极具优势的战略区位、产业融合发展禀赋条件以及发展基础来缓解需求减少和产能过剩带来的不利影响。WT 战略：增加产业融合协同创新重大项目，夯实产业基础，提高系统性规划水平。

形势	优势（S） 战略地位突出； 战略区位特色优势明显； 产业融合发展禀赋条件良好； 产业融合发展基础良好	劣势（W） 产业融合协同创新项目众多，但系统性规划不足。产业融合协同创新相关企业在创新层面上的能力不足，港口经济相互匹配的产业没有雄厚的基础，导致缺乏重大项目的引领
机会（O） 国家战略机遇； 海洋发展形势的历史机遇	SO 战略 依靠突出的战略地位、极具优势的战略区位、产业融合发展禀赋条件以及发展基础，抓住国家战略发展机遇和海洋发展形势的机遇	WO 战略 在国家战略机遇和海洋发展形势机遇下，结合更多的产业融合协同创新项目弥补系统性规划不足、产业发展创新不足、基础薄弱的缺点
威胁（T） 全球经济增速放缓带来的需求减少； 我国产能过剩带来供给过剩	ST 战略 依靠突出的战略地位、极具优势的战略区位、产业融合发展禀赋条件以及发展基础来缓解需求减少和产能过剩带来的不利影响	WT 战略 增加产业融合协同创新重大项目，夯实产业基础，提高系统性规划水平

图 4-10　SWOT 矩阵分析

第五章

产业融合协同创新评价体系构建与实证研究

一、产业融合协同创新绩效评价指标体系构建

（一）产业融合协同创新绩效评价指标体系构建原则

（1）系统性原则。每个评价指标之间都要有相应的逻辑层面的关系，这些指标不仅能从不同的方面体现出协同创新所构成的各个主体要素之间不同的特点和状况，而且还要反映产业融合协同创新发展与国防科技力量以及社会经济发展之间的内在联系。

（2）典型性原则。每一个评价指标都要有充分的代表性，能够充分地体现产业融合协同创新的特点，从而提高数据分析结果的准确性和可信度。

（3）动态性原则。产业融合各组成部分的互动发展以及其与国防、经济等的发展需要通过一定时间尺度的指标反映。

（4）简明科学性原则。即协同创新体系所包含的一系列评价指标都要具备科学性，具有充足科学依据，以保证评价指标对创新程度做出符合客观事实的判断，真实反映创新过程中各指标之间的关系。

（5）可操作、可量化原则。由于协同创新参与主体不同，因此所建立的评价指标具有差异性，但为使整体保持一致性、统一性，各评价指标的计算度量及方法应进行统一，以便后续通过指标观察各主体评价结果优劣。

（6）综合性原则。评价过程中应保证对协同创新评价体系创建多个指标，依据其综合情况进行设定，以便对整个体系进行全面完善分析。

（二）协同创新绩效评价指标体系内容

(1) 知识层面由一级指标中的知识潜在能力和互惠知识共享水平构成。

一是知识传播能力：这是指知识共享过程中相关主体能够将知识顺利流畅地进行传播，包括隐性知识和显性知识两部分。

二是知识再创新能力：在知识共享的过程中，各个主体可以通过交流和头脑风暴来形成知识的创新，从而产生新的知识，将新的知识传播到相关的组织，将个体的知识转换为组织的知识。

三是共享途径完善度：途径对于相关知识进行共享的水平有一定的影响，主要表现为四个方面，分别是正式与非正式的知识共享途径的完善程度，知识共享过程的便捷程度，知识共享途径的网络化程度。

四是互惠知识共享规章制度完善度：共享知识相关制度的完善程度可以确保知识共享的公平性，让知识共享过程做到有章可循。

五是知识共享文化氛围：良好的知识共享氛围可以使各个组织中的成员自主地、积极地将自己所拥有的知识贡献给自己的组织，从而形成一个良性循环。

(2) 资源层面由一级指标中的资源的有效配置水平和创新产出效果构成。

一是信息资源整合程度：信息资源的整合程度主要是指军事企业与民营企业、政府与企业、产学研主体之间信息的沟通传播以及信息平台的完善程度。

二是财力资源投入状况：财力资源包括科研经费的投入、技术创新所需要的各种经费、企业扩大生产力扩大规模引进新的生产线所需要的资金投入等。

三是物力资源投入状况：物力资源投入主要包括固定资产的投资、设备改进投资等。

四是人才资源丰富度：人才资源丰富度主要是指企业、高校、政府等组织中的高水平人才的数量和质量人员占比等。

五是科技成果产出水平：科技成果产出水平主要是指论文发表数量、专利授权数量、重大科技成果以及国家奖励等。

六是经济产出水平：经济产出水平是指在产业融合协同创新政策实施下，企业的主营业务收入、产品市场价值等。

（3）机制、体制层面由一级指标中的行动的最优协同水平构成。

体制和机制是密不可分的，体制的存在离不开一个完整的机制，机制的存在也离不开一个合理的体制，两者只有有效地结合起来，组织才能更好地运行。

二、产业融合协同创新绩效评价数据收集与评价过程

依据表 5-1 的指标体系设计问卷（见附件一），完成表 5-2 的数据表中的数据收集、整理、信效（见附件二）、主成分分析（见附件三），并用灰色关联方法和夹角法进行实际值与理想值之间的产业融合协同创新绩效评价。

表 5-1　产业融合协同创新绩效评价指标体系

目标层	一级指标	二级指标
产业融合协同创新绩效	知识潜在能力	知识传播能力
		知识再创新能力
	互惠知识共享水平	共享途径完善度
		互惠知识共享规章制度完善度
		知识共享文化氛围
	资源的有效配置水平	信息资源整合程度
		财力资源投入状况
		物力资源投入状况
		人才资源丰富度
	创新产出效果	科技成果产出水平
		经济产出水平
	行动的最优协同水平	体制和机制协同改革
		体系和要素协同融合
		制度和标准协同建设

（一）产业融合协同创新绩效评价数据收集

本次关于产业融合协同创新数据调查采用访谈、现场问卷填写、网络平台问卷填写等多种方式进行，在2020年7月至2020年8月发放并回收有效问卷112份。回收且有效率为100%，回收数据整理后如表5-2所示。

表5-2　调查数据

目标层	一级指标	二级指标	实际值	最佳理想值
产业融合协同创新绩效	知识潜在能力	知识传播能力	5.9643	9
		知识再创新能力	5.875	9
	互惠知识共享水平	共享途径完善度	5.8928	9
		互惠知识共享规章制度	7.3571	9
		知识共享文化氛围	5.7143	9
	资源的有效配置水平	信息资源整合程度	5.9643	9
		财力资源投入状况	5.9554	9
		物力资源投入状况	5.8571	9
		人才资源丰富度	5.7143	9
	创新产出效果	科技成果产出水平	5.4107	9
		经济产出水平	6.8919	9
	行动的最优协同水平	体制和机制协同改革	5.7679	9
		体系和要素协同融合	6.1607	9
		制度和标准协同建设	6.0179	9

（二）产业融合协同创新绩效一级指标评价过程

1. 关联系数计算

若将数据变换后的母数列为$\{x_0(k)\}$，子数列为$\{x_i(k)\}$，则两者的关联系数$\xi_{0i}(k)$用式（5-1）计算：

$$\xi_{0i}(k)=\frac{\Delta_{min}+\rho\Delta_{max}}{\Delta_{0i}(k)+\rho\Delta_{max}} \tag{5-1}$$

式中，$\Delta_{0i}(k)$为k时刻两个序列的绝对差，即：

$\Delta_{0i}(k)=|x_0(k)-x_i(k)|$

式中，Δ_{max}，Δ_{min} 分别为各个时刻的绝对差中的最大值与最小值。因为进行比较的序列在经数据变换后互相相交，所以一般 $\Delta_{min}=0$。

ρ 为分辨系数，其作用在于提高关联系数之间的差异显著性。$\rho\in$（0，1），通常取 $\rho=0.5$ 左右。

2. 关联度计算

两序列的关联度可用两比较序列各个时刻的关联系数之平均值计算（反映全过程的关联程度），如式（5-2）所示。

$$r_{oi}=\frac{1}{N}\sum_{k=1}^{N}\xi_{oi}(k) \tag{5-2}$$

式中，r_{oi} 为子序列 i 与母序列 o 的关联度，N 为序列的长度即数据的个数，显然，关联度与下列因素有关：

（1）母序列 x_0 不同，则关联度不同；

（2）子序列 x_1 不同，则关联度不同；

（3）数据变换不同（即参考点 0 不同），则关联度不同；

（4）数列长度不同（即数据个数 N 不同），则关联度不同；

（5）分辨系数 ρ 不同，则关联度不同。

由此可见，关联度不是唯一的。

一般说，关联度满足等价“关系”三公理，即：

（1）自反性：$r_{00}=1$；

（2）对称性：$r_{oi}>r_{ob}$；

（3）传递性：$r_{oa}>r_{ob}$；$r_{ob}>r_{oc}$，则 $r_{oa}>r_{oc}$。

3. 灰色关联分析法确定 k_{ijm} 的过程与结果

（1）构造原始数列：

以调查问卷一级指标理想值向量为母数列，以调查问卷一级指标实际值向量为子数列，有：

$x_0=(9,9,9,9,9)$

$x_1=(5.920,6.315,5.873,6.151,5.982)$

(2)将原始数列作初值化处理：

$x_0=(1,\ 1,\ 1,\ 1,\ 1)$

$x_1=(1,\ 1.067,\ 0.992,\ 1.039,\ 1.011)$

(3)求差序列：

$\Delta_{01}=(0,\ 0.033,\ 0.008,\ 0.039,\ 0.011)$

(4)求两级最大差与最小差：

$\Delta_{max}=0.039$，$\Delta_{min}=0$

(5)计算关联系数：

根据 $\xi_{0i}(k)=\dfrac{\Delta_{min}+\rho\Delta_{max}}{\Delta_{0i}(k)+\rho\Delta_{max}}$

取 $\rho=0.5$，有：

$\xi_{01}=(1,\ 0.371,\ 0.709,\ 0.333,\ 0.639)$

(6)计算关联度：

根据 $\gamma_{0i}=\dfrac{1}{N}\sum_{k=1}^{N}\xi_{0i}(k)$

有：$\gamma_{01}=0.611$

以知识潜在能力、互惠知识共享水平、创新产出效果、资源的有效配置水平、行动的最优协同水平向量母子方案序列之间灰联度的检验过程为例，阐述运用夹角差距分析法的检验过程如下：

(1) 原始向量处理：$\vec{x}_0=\begin{pmatrix}1\\1\\1\\1\\1\end{pmatrix}\vec{x}_1=\begin{pmatrix}1\\1.067\\0.992\\1.039\\1.011\end{pmatrix}$

(2) 求内积：

$\lfloor\vec{x}_0,\ \vec{x}_1\rfloor=1\times1+1\times1.067+1\times0.992+1\times1.039+1\times1.011=5.109$

(3) 求$\vec{x}_0$，$\vec{x}_1$，$\vec{x}_2$ 的长度：

$\|\vec{x}_0\|=\sqrt{1^2+1^2+1^2+1^2+1^2}=2.236$

$\| \vec{x}_1 \| = \sqrt{1^2+1.067^2+0.922^2+1.039^2+1.011^2} = 2.274$

（4）计算夹角：

$$\theta_{01} = \arccos \frac{\lfloor \vec{x}_0, \vec{x}_1 \rfloor}{\| \vec{x}_0 \| \| \vec{x}_1 \|} = \arccos \frac{5.109}{2.236 \times 2.274} = 0^0$$

余弦 $\cos\theta_{01} = 1$

夹角差距分析法得出 $\theta_{01} = 0^0$，余弦值为 1，可以检验应用灰色关联度得出的向量母子方案序列的关联度是合理的，可以作为知识潜在能力、互惠知识共享水平、创新产出效果、资源的有效配置水平、行动的最优协同水平标准向量组合预测的权重。

（三）产业融合协同创新绩效二级指标评价过程

1. 知识潜在能力下二级指标灰色关联分析法确定 k_{ijm} 的过程与结果

（1）构造原始数列：

以调查问卷知识潜在能力下二级指标理想值向量为母数列，以调查问卷知识潜在能力下二级指标实际值向量为子数列，有：

$x_0 =$ （9，9）

$x_1 =$ （5.9643，5.875）

（2）将原始数列作初值化处理：

$x_0 =$ （1，1）

$x_1 =$ （1，0.985）

（3）求差序列：

$\Delta_{01} =$ （0，0.015）

（4）求两级最大差与最小差：

$\Delta_{max} = 0.015$，$\Delta_{min} = 0$

（5）计算关联系数：

根据 $\xi_{0i}(k) = \dfrac{\Delta_{min} + \rho\Delta_{max}}{\Delta_{0i}(k) + \rho\Delta_{max}}$

取 $\rho = 0.5$，有：

$\xi_{01}=$（1，0. 333）

（6）计算关联度：

根据 $\gamma_{0i}=\frac{1}{N}\sum_{k=1}^{N}\xi_{0i}(k)$

有：$\gamma_{01}=0.667$

以知识潜在能力下二级指标向量母子方案序列之间灰联度的检验过程为例，阐述运用夹角差距分析法的检验过程如下：

（1）原始向量处理：$\vec{x}_0=\begin{pmatrix}1\\1\end{pmatrix}\vec{x}_1=\begin{pmatrix}1\\0.985\end{pmatrix}$

（2）求内积：

$\lfloor\overrightarrow{x_0},\overrightarrow{x_1}\rfloor=1\times1+1\times0.985=1.985$

（3）求 $\vec{x}_0$，$\vec{x}_1$，$\vec{x}_2$ 的长度：

$\|\overrightarrow{x_0}\|=\sqrt{1^2+1^2}=1.414$ $\quad\|\overrightarrow{x_1}\|=\sqrt{1^2+0.985^2}=1.404$

（4）计算夹角：

$$\theta_{01}=\arccos\frac{\lfloor\overrightarrow{x_0},\overrightarrow{x_1}\rfloor}{\|\overrightarrow{x_0}\|\ \|\overrightarrow{x_1}\|}=\arccos\frac{1.985}{1.414\times1.404}=0.924^0$$

余弦 $\cos\theta_{01}=0.9998$

夹角差距分析法得出 $\theta_{01}=0.924^0$，余弦值为 0. 9998，可以检验应用灰色关联度得出的向量母子方案序列的关联度是合理的，可以作为知识潜在能力下知识传播能力和知识再创新能力标准向量组合预测的权重。

2. 互惠知识共享水平下二级指标灰色关联分析法确定 k_{ijm} 的过程与结果

（1）构造原始数列：

以调查问卷互惠知识共享水平下二级指标理想值向量为母数列，以调查问卷互惠知识共享水平下二级指标实际值向量为子数列，有：

$x_0=$（9，9，9）

$x_1=$（5. 8928，7. 3571，5. 7143）

（2）将原始数列作初值化处理：

$x_0=$（1，1，1）

$x_1=(1, 1.248, 0.970)$

（3）求差序列：

$\Delta_{01}=(0, 0.248, 0.03)$

（4）求两级最大差与最小差：

$\Delta_{max}=0.248$，$\Delta_{min}=0$

（5）计算关联系数：

根据 $\xi_{0i}(k)=\dfrac{\Delta_{min}+\rho\Delta_{max}}{\Delta_{0i}(k)+\rho\Delta_{max}}$

取 $\rho=0.5$，有：

$\xi_{01}=(1, 0.333, 0.805)$

（6）计算关联度：

根据 $\gamma_{0i}=\dfrac{1}{N}\sum_{k=1}^{N}\xi_{0i}(k)$

有：$\gamma_{01}=0.713$

以互惠知识共享水平下二级指标向量母子方案序列之间灰联度的检验过程为例，阐述运用夹角差距分析法的检验过程如下：

（1）原始向量处理：$\vec{x_0}=\begin{pmatrix}1\\1\\1\end{pmatrix}$ $\vec{x_1}=\begin{pmatrix}1\\1.248\\0.970\end{pmatrix}$

（2）求内积：

$\lfloor \vec{x_0}, \vec{x_1} \rfloor=1\times1+1\times1.248+1\times0.970=3.218$

（3）求 $\vec{x_0}$，$\vec{x_1}$，$\vec{x_2}$ 的长度：

$\|\vec{x_0}\|=\sqrt{1^2+1^2+1^2}=1.732$　　　$\|\vec{x_1}\|=\sqrt{1^2+1.248^2+0.970^2}=1.870$

（4）计算夹角：

$\theta_{01}=\arccos\dfrac{\lfloor \vec{x_0}, \vec{x_1} \rfloor}{\|\vec{x_0}\|\ \|\vec{x_1}\|}=\arccos\dfrac{3.218}{1.732\times1.870}=6.78^0$；

余弦 $\cos\theta_{01}=0.993$

夹角差距分析法得出 $\theta_{01}=6.78^0$，余弦值为 0.993，可以检验应用灰色关联度得出的向量母子方案序列的关联度是合理的，可以作为互惠知识共享水平下二级指标标准向量组合预测的权重。

3. 资源有效配置水平下二级指标灰色关联分析法确定 k_{ijm} 的过程与结果

（1）构造原始数列：

以调查问卷资源有效配置水平下二级指标理想值向量为母数列，以调查问卷资源有效配置水平下二级指标实际值向量为子数列，有：

$x_0=(9,\ 9,\ 9,\ 9)$

$x_1=(5.9643,\ 5.9554,\ 5.8571,\ 5.7143)$

（2）将原始数列作初值化处理：

$x_0=(1,\ 1,\ 1,\ 1)$

$x_1=(1,\ 0.999,\ 0.982,\ 0.958)$

（3）求差序列：

$\Delta_{01}=(0,\ 0.001,\ 0.018,\ 0.042)$

（4）求两级最大差与最小差：

$\Delta_{max}=0.042$，$\Delta_{min}=0$

（5）计算关联系数：

根据 $\xi_{0i}(k)=\dfrac{\Delta_{min}+\rho\Delta_{max}}{\Delta_{0i}(k)+\rho\Delta_{max}}$

取 $\rho=0.5$，有：

$\xi_{01}=(1,\ 0.955,\ 0.538,\ 0.333)$

（6）计算关联度：

根据 $\gamma_{0i}=\dfrac{1}{N}\sum_{k=1}^{N}\xi_{0i}(k)$

有：$\gamma_{01}=0.707$

以资源有效配置水平下二级指标向量母子方案序列之间灰联度的检验过程为例，阐述运用夹角差距分析法的检验过程如下：

（1）原始向量处理：$\vec{x}_0=\begin{pmatrix}1\\1\\1\\1\end{pmatrix}\ \vec{x}_1=\begin{pmatrix}1\\0.999\\0.982\\0.958\end{pmatrix}$

（2）求内积：

$\lfloor \overrightarrow{x_0}, \overrightarrow{x_1} \rfloor = 1\times1+1\times0.999+1\times0.982+1\times0.958=3.939$

（3）求 $\vec{x_0}$，$\vec{x_1}$，$\vec{x_2}$ 的长度：

$\| \overrightarrow{x_0} \| = \sqrt{1^2+1^2+1^2+1^2}=2$　　$\| \overrightarrow{x_1} \| = \sqrt{1^2+0.999^2+0.982^2+0.958^2}=1.97$

（4）计算夹角：

$$\theta_{01}=\arccos\frac{\lfloor \overrightarrow{x_0}, \overrightarrow{x_1} \rfloor}{\| \overrightarrow{x_0} \| \ \| \overrightarrow{x_1} \|}=\arccos\frac{3.939}{2\times1.970}=1.4^0$$

余弦 $\cos\theta_{01}=0.9997$

夹角差距分析法得出 $\theta_{01}=1.4^0$，余弦值为 0.9997，可以检验应用灰色关联度得出的向量母子方案序列的关联度是合理的，可以作为资源有效配置水平下二级指标标准向量组合预测的权重。

4. 创新产出效果下二级指标灰色关联分析法确定 k_{ijm} 的过程与结果

（1）构造原始数列：

以调查问卷创新产出效果下二级指标理想值向量为母数列，以调查问卷创新产出效果下二级指标实际值向量为子数列，有：

$x_0=$（9，9）

$x_1=$（5.4107，6.8919）

（2）将原始数列作初值化处理：

$x_0=$（1，1）

$x_1=$（1，1.274）

（3）求差序列：

$\Delta_{01}=$（0，0.274）

（4）求两级最大差与最小差：

$\Delta_{max}=0.274$，$\Delta_{min}=0$

（5）计算关联系数：

根据 $\xi_{0i}(k)=\dfrac{\Delta_{min}+\rho\Delta_{max}}{\Delta_{0i}(k)+\rho\Delta_{max}}$

取 $\rho=0.5$，有：

$\xi_{01}=$（1，0.333）

（6）计算关联度：

根据 $\gamma_{0i}=\frac{1}{N}\sum_{k=1}^{N}\xi_{0i}(k)$

有：$\gamma_{01}=0.667$

以创新产出效果下二级指标向量母子方案序列之间灰联度的检验过程为例，阐述运用夹角差距分析法的检验过程如下：

（1）原始向量处理：$\vec{x}_0=\begin{pmatrix}1\\1\end{pmatrix}\vec{x}_1=\begin{pmatrix}1\\1.274\end{pmatrix}$

（2）求内积：

$\lfloor\overrightarrow{x_0},\ \overrightarrow{x_1}\rfloor=1\times1+1\times1.274=2.274$

（3）求 $\vec{x}_0$，$\vec{x}_1$，$\vec{x}_2$ 的长度：

$\|\overrightarrow{x_0}\|=\sqrt{1^2+1^2}=1.414$　　$\|\overrightarrow{x_1}\|=\sqrt{1^2+1.274^2}=1.508$

（4）计算夹角：

$$\theta_{01}=\arccos\frac{\lfloor\overrightarrow{x_0},\ \overrightarrow{x_1}\rfloor}{\|\overrightarrow{x_0}\|\ \|\overrightarrow{x_1}\|}=\arccos\frac{2.274}{1.414\times1.508}=1.4^0$$

余弦 $\cos\theta_{01}=0.9997$

夹角差距分析法得出 $\theta_{01}=1.4^0$，余弦值为 0.9997，可以检验应用灰色关联度得出的向量母子方案序列的关联度是合理的，可以作为创新产出效果水平下二级指标标准向量组合预测的权重。

5. 行动的最优协同水平下二级指标灰色关联分析法确定 k_{ijm} 的过程与结果

（1）构造原始数列：

以调查问卷行动的最优协同水平下二级指标理想值向量为母数列，以调查问卷行动的最优协同水平下二级指标实际值向量为子数列，有：

$x_0=$（9，9，9）

$x_1=$（5.7679，6.1607，6.0179）

（2）将原始数列作初值化处理：

$x_0=$（1，1，1）

x_1 =（1，1.068，1.043）

（3）求差序列：

Δ_{01} =（0，0.068，0.043）

（4）求两级最大差与最小差：

$\Delta_{max}=0.068$，$\Delta_{min}=0$

（5）计算关联系数：

根据 $\xi_{0i}(k)=\dfrac{\Delta_{min}+\rho\Delta_{max}}{\Delta_{0i}(k)+\rho\Delta_{max}}$

取 $\rho=0.5$，有：

ξ_{01} =（1，0.333，0.442）

（6）计算关联度：

根据 $\gamma_{0i}=\dfrac{1}{N}\sum_{k=1}^{N}\xi_{0i}(k)$

有：$\gamma_{01}=0.592$

以行动的最优协同水平下二级指标向量母子方案序列之间灰联度的检验过程为例，阐述运用夹角差距分析法的检验过程如下：

（1）原始向量处理：$\vec{x}_0=\begin{pmatrix}1\\1\\1\end{pmatrix}$ $\vec{x}_1=\begin{pmatrix}1\\1.068\\1.043\end{pmatrix}$

（2）求内积：

$\lfloor \overrightarrow{x_0}, \overrightarrow{x_1} \rfloor = 1\times1+1\times1.068+1\times1.043=3.111$

（3）求 $\vec{x}_0$，$\vec{x}_1$，$\vec{x}_2$ 的长度：

$\| \overrightarrow{x_0} \| = \sqrt{1^2+1^2+1^2}=1.732$　　　$\| \overrightarrow{x_1} \| = \sqrt{1^2+1.068^2+1.043^2}=1.797$

（4）计算夹角：

$$\theta_{01}=\arccos\frac{\lfloor \overrightarrow{x_0}, \overrightarrow{x_1} \rfloor}{\| \overrightarrow{x_0} \| \ \| \overrightarrow{x_1} \|}=\arccos\frac{3.111}{1.732\times1.797}=1.8^0$$

余弦 $\cos\theta_{01}=0.9995$

夹角差距分析法得出 $\theta_{01}=1.8^0$，余弦值为 0.9995，可以检验应用灰色关联度得出的向量母子方案序列的关联度是合理的，可以作为行动的最优协同水平下二级指标标准向量组合预测的权重。

三、评价结果分析

根据灰色关联度和夹角分析结果我们可以直观地看出，产业融合协同创新绩效指标体系下知识潜在能力、互惠知识共享水平、资源的有效配置水平、创新产出效果、行动的最优协同水平都与产业融合协同创新发展绩效有着较高的关联度，都在一定水平上促进产业融合协同创新发展。与此同时，每个分类的指标关联度是非常高的，且均通过了夹角检验，这说明我们构建的指标体系具有一定的可信度且都会对产业融合协同创新发展起到或多或少的推动作用。

四、小结

根据第四章产业融合协同创新机理分析内容，结合青岛产业融合协同创新绩效的影响因素，从产业融合协同创新的互惠知识共享水平、资源的有效配置水平、行动的最优同步水平角度构建产业融合协同创新评价的原则与目标，建立合理的评价指标体系，并进行实证研究。

第六章

青岛产业融合协同创新政策研究

本书根据前文理论、实证以及案例分析给出青岛产业融合协同创新的政策，特别是针对青岛军民融合这一产业融合典型形式的产业融合协同创新给出了政策建议。

一、青岛产业融合协同创新战略分析

（一）青岛产业融合协同创新战略目标

为了更好地实施产业融合协同创新发展战略，青岛要加大工业资本、技术、人才、知识等资源的配置效率，增强企业与科研院所、高校的联系程度，大力推进产业融合体系的构建和产业结构的优化升级，形成一个具有多要素、高效益和全方位的产业体系结构。

（1）基于产业融合培育新产业。

青岛拥有雄厚的工业基础，在制造业方面存在较强优势，随着产业融合协同创新战略的实施，产业融合的产业结构不断发生变化进行转型升级，成为青岛市新的经济增长点。青岛不断落实《中国制造 2025》，加快推动制造业高端化发展，不断推进军民两用高端制造业的进程。青岛市大力发展海洋工程装备和高技术船舶制造，不断推进船舶工业的优化转型升级，不断发挥军工技术的各项优势，培养产业融合特色产业。

（2）增强产业融合科技协同创新能力。

增强“十三五”科技发展规划与国防科技的对接协调并不断完善创新体系

和创新能力，提高产业融合技术的开发能力和产出效果共享程度。鼓励青岛政府、企业、军工集团、科研院所、高校等共同建立产业融合研究机构及创新平台等，形成产学研产业融合协同创新战略联盟。推进国防科技实验室、企业技术中心等创新平台的双向开放，以此来实现军用设施和科学基础设施设备的共享与开放，统筹军用资源和民用资源在科技方面的交流与合作，不断提高双方的科研能力，提高自主创新能力，将重点放在突破关键科学技术、工艺与部件上。

（3）基于产业融合推动产业集聚发展。

围绕着区域发展战略和产业发展布局，依靠青岛市装备制造等产业园区打造产业层次高、具有突出特色和优势、规划完善的产业融合的产业集聚区，借鉴其他省市的优秀经验，在依托重大产业融合项目的同时，围绕船舶工业、信息技术等领域创建极具特色的产业融合示范区。

（4）壮大产业融合骨干企业。

为了更好地发展产业融合协同创新战略，首先要做到的是培养骨干企业，将骨干企业的发展作为推动产业融合战略的主要抓手，与此同时，还要充分发挥特色企业的支撑作用，不断带动市场活力。发展骨干企业在市场中的示范带头作用，从而扶持同行的企业加入到产业融合协同创新发展战略实施的进程中，提高相关企业的创新能力，形成具有各自特色的产品，基于产业融合培育一批产业中的隐形冠军企业。

（5）着力实施一批产业融合重大项目。

在引进重大项目基础上，不断加大重大项目的建设投资力度，从而促进产业升级转型和产业融合发展战略的实施与推进。推进青岛市军队部门、军事企业集团、科研院所等机构之间的战略合作，围绕新技术引进一批技术含量高、辐射带动强、市场前景好的产业融合协同创新重大项目。以国家战略新兴产业和高技术产业为基础，不断完善产业融合协同创新项目，利用各项先进技术推动项目的开展，加强基础设施建设。

1. 政府层面战略目标

从政府层面上看，推进产业融合协同创新战略实施是体现国家意志的行为。因此，为了高效地实施产业融合协同创新发展战略，必须以政府为核心主导，坚

持政府主导地位。政府在推动产业融合协同创新发展的过程中，在政策供给、法制保障、体制创新等方面发挥着主导作用。

政府需要在政策颁布和机制体制创新方面不断加强，坚决拆除阻碍发展的壁垒，不断提供高质量的服务，破除制度上的坚冰。近几年，我国不断积极探索产业融合协同创新发展，并在政策保障、相关重点领域等获得了十分显著的成效。与此同时，由于地域发展不平衡的问题仍然存在，因此产业融合协同创新发展在初级向深度发展的过程中也形成了各地不均衡的现象，保障措施不完善，产业融合领域亟须深化和拓宽。因此，这需要政府的存在并加以引导和支持。

（1）完善产业融合相关机构设置。

目前，产业融合协同创新发展战略的实施在各级政府的带领下处于各自为战的状况，最需要的就是设置明确的机构来负责产业融合协同创新发展工作的规划、管理，制定相关的标准，以此来避免各级政府的重复性工作，提高工作效率。市、区各级政府需要明确不同管理机构的职能，推进相关政策、体制的颁布和制定，保证产业融合协同创新发展工作能够向重点领域靠近。要厘清各机构的管理体制，充分发挥好这些机构在军事企业、民用企业与地方经济之间的连接作用，为企业高效、高质量发展做好相应的政策支持和保障。

（2）建立跨部门的产业融合沟通协调机制。

形成以政府为主导，重点企业、科研院所、高校参与在内的产业融合战略联盟，推动建立青岛市产业融合联盟，基于产业融合建立健全相关的产业发展协调机制，推动产学研协调发展。

（3）强化区域经济与国防经济的战略统筹。

在区域经济和国防经济两者之间的关系上，区域经济是国防经济顺利实现的最根本的条件，与此同时，国防经济也在一定程度上为区域经济发展提供了重要保障。应在不断加快国防与区域协调发展的同时，建立健全区域与国防经济之间关于人才、知识、技术、资源等互动机制。不断优化产业融合创新协同发展布局，将青岛市产业融合协同创新发展战略与国家战略体系联系起来，与“一带一路”、建设新旧动能示范区相结合，以此来提高军队的战斗能力，增强我国的国防总体实力。

（4）优化产业融合发展政策环境。

对产业融合协同创新项目，产业基地建设用地、用电、用水等相关生产要素，通信、运输、环境评价等多个方面给予相关的扶持，提供相应的服务。建立完善统一的产业融合相关指标体系，加强相关的监测和考评机制。不断设立产业融合发展服务中心等相应的服务机构，为产业融合协同创新发展提供高质量的培训、法律咨询、政策咨询、规划等相关服务。鼓励成立产业融合协同创新发展创客平台、产业孵化器来支持产业融合协同创新发展。

（5）构建完善的产业融合发展评价体系。

对产业融合发展的实际绩效进行考评是产业融合管理体系的一个十分重要的组成部分，可以以此来评价产业融合协同创新发展的实际绩效，并及时进行相应的调整以保证产业融合协同创新发展顺利实施。就目前来看，各级政府只是单纯地依靠经验，主观来判断评价产业融合协同创新发展情况，因此，应建立科学的产业融合协同创新发展评价体系，建立相关的考评机制，根据评价结果来调整相关的政策，并对优秀的成果进行奖励，实现产业融合协同创新发展效能的最大化。

（6）加大产业融合财政支持力度。

增加青岛市产业融合协同创新产业发展的专项资金额度，在科技创新专项、各类产业发展资金与基金中，将产业融合项目放在首位。对于产业融合协同创新发展工程给予相应的财政补助。

（7）强化产业融合税收优惠政策实施。

不断落实军品免增值税的相关优惠政策，提高民用企业“民参军”的积极性。对于那些依靠军民两用技术生产民用品的企事业单位和以军品为主营业务的民用企业可以优先给予相应的税收优惠政策。在相关仪器、技术开发过程中，出台相应的优惠政策来降低开发费用。

（8）加大产业融合金融信贷支持力度。

不断引导金融机构和产业融合协同创新发展相关企业的合作与交流，对产业融合协同创新企业优先给予利率优惠和融资额度等方面的支持，支持军用技术转为民用、自主知识产权开发项目的发展，推动军事科研企业在符合条件的前提下

上市。

2. 社会信息化建设层面战略目标

从社会信息化建设层面上看，信息资源是我们根据工作生产需要，通过各种渠道获得并进行整合或者加工，形成我们所需要的资源集合。这是提高产业融合协同创新发展的重要保障，能够减少不必要的投资与资源浪费。

（1）做好军民需求信息征集与发布。

不断扩大“民参军”和“军转民”相关技术和信息的征集与发布的范围，完善各大信息网站和平台，建立信息共享平台来提高信息传递效率。

（2）完善军工技术成果产业化机制。

建设产业融合协同创新成果转化平台以及产业融合协同创新成果转化示范区，成立多个军民技术人才培养基地，支持军事企业、科研院所、高校、民用企业、政府不断合作，建立产业融合研究院以及相关平台，通过鼓励相关人才之间的交流、合作开发、技术许可、企业并购，推动军事院所向民用领域转化。

（3）建立产业融合重大项目对接引进和精准服务机制。

促进省市部门、科研机构、国防部门、国家工信部门等相关机构部门的交流与合作，跟随国家整体战略布局，争取国家重大军事项目、成果转化项目、军事科研机构等在青岛落地。鼓励市、区政府带头举办产业融合协同创新发展大会和成果转化展示、技术交流大会、创新创业大赛等各种各样的活动，促进“军转民”和“民参军”转化。

3. 人才层面战略目标

从人才层面上看，根据竞争优势理论，人力资源在生产要素中决定产业竞争优势的形成，为了在人力资源理论中达到激励的目的，满足个人的需求，在引进人力资源时，可以通过不断提高个人的工资和福利来实现，国防科技产业的先进性决定了高素质人才的重要性，在这个行业的发展中，要高度重视人才队伍的建设，加强人才的招募和培养，在招募人才的同时，还要吸引人才，鼓励人才创新，提高人才的积极性和创新性。

（1）加大人才引进力度。

一个尊重人才和热爱人才的环境氛围可以在一定程度上提高人才创新创造的

积极性，要营造愉快、和谐、舒适的人才发展氛围，保护人才的主观能动性，加强人才的归属感。要更加重视宣传和引进人才，实施相关人才工程，努力吸引为国防科技工业重大项目实施服务的科学技术人才。整合青岛市人才资源，将科技型人才纳入青岛市政府人才计划当中，为其提供优越的待遇条件。

（2）加强产业融合人才培养交流。

支持学校与企业合作，鼓励企业和学校开展重大项目，推进人才培养工程，培养创新技术应用型人才，青岛市各大高校加强产业融合学科建设、加强与企业的双向沟通、加强技术推进人才培养计划，有目的地开展产业融合领域的海外留学或教育项目，培养优秀的企业家和高层次人才。

（3）探索产业融合人才激励机制。

人才激励机制分为长期激励和短期激励机制两种，同时还包括精神层面的激励和物质层面的激励，补偿有明显贡献的科技人才和创新人才、产业融合企业，青岛市对于科技协同创新人才可以通过物质补偿、技术入股、效益提成等方式来进行激励，刺激人才的创新性和积极性。对国防科技人才提供高报酬，实施科学研究者合约制，扩大科学研究者的自主权，使他们能够自由支配自己的闲暇时间，给予国防科学技术做出巨大贡献的人才物质补偿并加强精神奖励。

综上所述，青岛市协同创新的目标可以分为以下几点：

（1）培育产业融合新产业。

（2）增强军民科技协同创新能力。

（3）推动产业集聚发展。

（4）壮大产业融合骨干企业。

（5）着力实施一批产业融合重大项目。

（6）完善相关产业融合机构设置。

（7）建立跨部门的沟通协调机制。

（8）强化区域经济与国防经济的战略统筹。

（9）优化产业融合发展政策环境。

（10）构建完善的产业融合发展评价体系。

（11）加大产业融合财政支持力度。

（12）强化产业融合税收优惠政策实施。

（13）加大产业融合金融信贷支持力度。

（14）做好产业融合需求信息征集与发布。

（15）完善产业融合技术成果产业化机制。

（16）建立产业融合重大项目对接引进和精准服务机制。

（17）加大产业融合人才引进力度。

（18）加强产业融合人才培养交流。

（19）探索产业融合人才激励机制。

（二）青岛产业融合协同创新战略定位

SO 战略：依靠突出的战略地位、极具优势的战略区位、产业融合发展禀赋条件以及发展基础，抓住国家战略发展机遇和海洋发展形势的机遇；

WO 战略：在国家战略机遇和海洋发展形势机遇下，结合更多的产业融合项目弥补系统性规划不足、产业发展创新不足、基础薄弱的缺点；

ST 战略：依靠突出的战略地位、极具优势的战略区位、产业融合发展禀赋条件以及发展基础来减少产能过剩带来的不利影响；

WT 战略：增加产业融合重大项目，夯实产业基础，提高系统性规划水平。

（三）青岛产业融合协同创新战略模式设计

1. 资源融合模式

产业融合协同创新战略下，可以进行大量资源的共享，其中最主要的包括知识资源、技术资源、人才、资金、信息资源以及设备资源等。

知识资源对于产业融合协同创新发展具有重要的意义。军工企业和民用企业能否获取超额的利益取决于知识积累的程度。与此同时，知识的积累量也决定了两类企业在产业融合协同发展的过程中可以支配的资源量，这对产业融合协同创新资源共享具有十分重要的影响。

技术资源是产业融合协同创新过程中必不可少的一种资源。技术不仅可以解决软件方面存在的现实问题，而且可以为硬件设施设备的运行提供相应的支持，从而解决生产中的实际问题。

人才是创新的主导，也是创新思维产生的重要源泉，作为主导力量，一个组织失去了人才，创新就从根本上失去了它本该拥有的意义；资金作为产业融合协同创新发展过程中所需要的各种经费，大体可分为科研经费和企业资金。有了资金的正常投入才能使协作过程正常地运行下去；信息资源是我们根据工作生产需要，通过各种渠道获得并进行整合或者加工，形成我们所需要的资源集合；仪器设备资源共享是由地方政府主导，各大单位企业构建的一个设备仪器资源共享平台，在这个平台上可以进行技术、方法的交流，并把各个科研院所和相关高校的设备仪器放在平台上进行展示，以便于企业在自身实力不足的时候使用，加快企业的壮大。这些资源在产生的过程中实现了资源的共享，对产业融合协同创新发展起到了十分重要的推动作用，是产业融合协同创新的基础。

资源共享战略模式是指实现各种资源共享所遵循的标准形式。资源作为推进经济和国防建设的基础，在产业融合协同创新发展的过程中，兼顾民用和军用双方的需求，合理地采用市场和计划手段，把市场作为资源合理有效配置的基础，与政府主导相结合，加大对资源宏观调控的力度，从而促进资源在各个系统和各个部门之间的配置与使用。

资源融合主要包含以下几个方面：技术的融合、人才的融合、信息的融合。

首先是技术的融合。技术的融合立足于中国的发展状况，我们可以从两个方面入手。一是军用民用技术标准兼容建设，国内的技术标准分为军用和民用两种标准，不同的行业和不同的地域也存在不同的标准，对这些不同的标准进行整理和评价，形成统一的可以为军用和民用直接采用的标准。对于那些特殊的标准，我们可以通过适当的调整与评价从而推进标准的转化，使各个标准之间可以相互衔接，制定出可以满足军用和民用共同需求的标准。二是推进产业融合协同创新成果的转化，加快军用和民用技术的开发速度。立足于市场需求，不断加快军事领域的科技成果向民用领域过渡与转化。通过颁布相关的优惠政策与措施，不断引领民用技术应用到相应的军事领域中，明确各自的参与路径、合作形式、组织形式。建立健全产业融合协同创新发展机制，依靠军队、科研院所、高校、企业等部门的科技能力，以重点工程项目为指导，研发相关的技术、关键技术、先进

科技，建立产业融合协同创新产业联盟，把军用技术和民用技术相结合的两用技术作为科技创新发展的重中之重，加快研发速度。

其次是人才的融合。人才的融合也包含两方面的意义。一是将军事教育不断融入教育系统，不断完善国民教育体系，制定培养军事人才的计划、政策和体系，以此来实现人才的融合。二是建立相对较为完善的人才培养体系和科学合理的评价指标体系，培养高水平、高质量、高素质人才。实现基础设施设备的共建共享，这一举动需要大量的经济资源作为支撑。深入落实军民共用基础设施设备，推进重大工程、重点项目的贯彻实施，从而高效地利用相关的资源，使效益实现最大化。

最后是信息的融合。信息的融合是指利用信息网络搭建产业融合协同创新信息交流平台，方便双方及时地进行信息资源的共享与交流，提高沟通的效率。一方面，军用企业方面可以通过各种各样的渠道去进行军用信息的获取与发布；另一方面，民用企业、高校可以通过发布最新的科研成果、科研项目来增强双方的信息交流和沟通。

资源融合模式如图 6-1 所示。

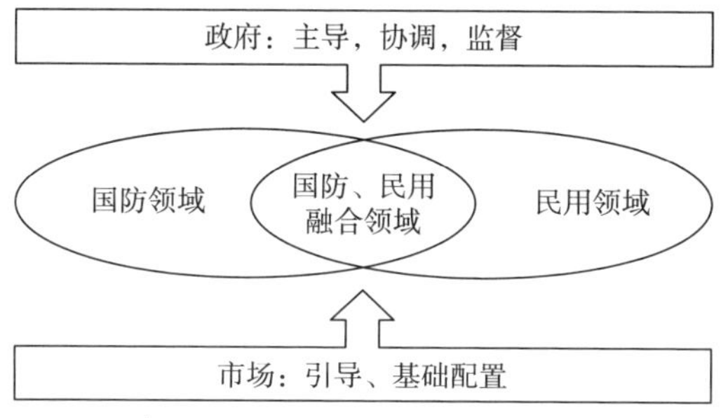

图 6-1　资源融合模式

2. 知识共享模式

产业融合协同创新过程中包括企业知识、产学研知识、高校/科研机构知识等知识创新资源可以共享。

产业融合协同创新发展过程中参与的企业和核心组织不断生产出创新所需要的知识，这些知识通过一定的信息共享渠道在高校、科研机构以及相关组织之间进行传播，最终导致知识溢出。企业对于知识的识别与判断主要与企业所身处的环境有关，企业会利用自身所具备的技术能力把获得的知识转变为新的可以利用的资源并进行推广。知识增值是指组织已经获取相关知识且这些知识已经达到了创造价值的过程，可以分为质量层面的增值和数量层面的增值。数量层面的增值指的是知识在数量维度上的增加，组织团队可以通过知识在数量上的增值获取更多的知识，并给组织价值增加效率带来提升，这是组织通过知识共享来完成的。质量增值的过程更强调知识质量发生的提升，这是组织通过知识创新来完成的。

（1）自愿型的知识共享模式。

产业融合协同创新发展过程中的相关机构在自愿的前提下往往会获得较高的知识共享效率。一般来说，产业融合协同创新发展过程中的相关机构都可以共享其各自的私有知识，这将会导致每一个机构实现其利益最大化；如果在产业融合协同创新发展过程中，只有一部分的机构选择共享其全部私有知识或共享一部分私有知识，其他相关机构部分共享或直接不参与共享私有知识的共享，则相关机构的利益会在一定程度上减少，同时，知识共享程度高的部门在收益上会小于其他相关部门机构；如果产业融合协同创新发展过程中的所有相关部门机构都不进行知识的共享，在其他相关机构的共享利益将会成为零，这样就会降低以后发展过程的可持续性。

根据自愿共享的知识范围，知识共享有两种形式，分别是部分共享与完全共享。产业融合知识共享的目标是促进某一或某些领域的知识共享，并且由于保护企业核心知识的需要，如果产业融合相关企业之间存在竞争或利益冲突，那么完整的知识共享只能是理想的状态，但是当一些产业融合发展到一定阶段时，知识共享阶段会发展到完全共享阶段，当然知识的完全共享是相对的，也就是与产业融合目标相关的知识共享，在共享主体的所有领域实现知识共享是不必要也是不可能的。

（2）强制型的知识共享模式。

强制型的知识共享模式在产业融合协同创新相关企业内也是经常存在的。

从人类整体利益、社会公众利益、国家利益、产业融合相关企业利益出发，一部分企业的相关私有知识会被强制实行共享来满足人类社会利益的实现。各主体在知识共享的过程中常常会发生冲突，但是为了整体效益以及各主体之间的和谐关系，我们需要对共享知识进行有效的调整和控制。因此，出于各自利益的考虑，一些主体的私有知识也会被强制进行共享。为了产业融合整体利益的实现，已经实施了一定程度上的强制型知识共享，对于知识产权的归属问题也做出了相应的判断，知识拥有者的收益会与产业融合协同创新发展整个过程联系起来。

（3）市场机制主导的知识共享模式。

企业成立的主要目的是实现利益的最大化，企业以此目标成为社会的经济主体。企业在管理过程中讲究如何提高管理效率，同时对企业的资源进行合理有效的配置。知识共享可以看作一种经济行为，是指知识拥有者向知识获取者进行的一种知识交易过程，这个过程会存在一定的交易成本和交易效率等一系列的问题，实际上知识共享是知识市场概念的一种。在产业融合协同创新的知识共享过程中，市场机制主导的共享模式是最主要的。

在产业融合、创新知识交流的过程中，除市场机制主导的知识交流外，还有非市场形式的知识交流。特别是产业融合创新主体内部的自由开放的知识交流、政府主导的知识交流、社会推动的知识交流。

（4）企业内部的知识免费开放共享。

企业中的各部门彼此会进行相关的知识共享，但知识共享的效率和企业内部各部门的相互开放程度是紧密联系在一起的。在企业内部知识共享的过程中，企业一般会选择将一部分的知识免费地分享给使用者供他们使用，或者放弃一部分已经获得的知识产权，这在一定程度上推进了企业内部知识共享的发展，在这个共享过程中起到了十分重要的作用。与此同时，这需要企业建立起与知识共享相关的合作机制和平衡利益的机制。在知识免费共享开放的过程中，对于知识的提供方来说，其可能会局部的或者暂时地损失一部分利益，但对于企业长期发展来看，这可以帮助企业获得长期性和整体性的收益，从而实现知识共享多赢的最优效果。

（5）政府力量引导的知识共享。

政府为主导力量引领进行知识共享这一过程是与市场机制这一主体相对而言的，各级政府力量在进行引领知识共享的过程中都不断发挥各自的力量与作用。政府对知识共享过程的支持主要表现在：对知识共享过程的总体规划与指导、开发技术、对知识共享项目的开发与引导、拉动投资等。政府也会根据投资来源的不同采取相应的共享管理手段与机制，其中，政府会对其本身投资产生的知识和相关数据实行完全开放的共享机制。

（6）社会力量推动的知识共享。

知识共享是依靠社会主体和相关社会组织共同完成的一项社会性行为。在整个知识共享的过程中，社会主体力量不断发挥其相应的推动作用。产业融合协同创新主体与外界环境之间的知识共享过程在社会力量的推动过程中，各主体之间除了正式的研发团队以外，还存在着一些跨主体间的非正式的人际间的知识交流和共享的社区。当军事企业和民用企业在遭遇技术难关的时候，相关的技术人员可以通过这些知识共享社区或渠道与同行之间进行交流和探讨，同样，同行也可以通过这种方式进行问题的解决。知识的共享与传播可能会与企业的目标不完全一致，但通过这样一个共享社区的存在，各主体会在每个单一主体知识积累的基础上来推进知识的共享与传播。

3. 创新协同模式

在产业融合科技协同创新整个过程中，可以概括为几个不同的创新活动：协作、沟通交流、学习、组织、实施。产业融合协同创新发展中参与成员的协作越紧密，沟通与交流的效果就越好，学习的能力就越强。高校、企业、科研机构等组织具有较高的组织能力和适应能力，成员之间的沟通效果越好，信息的反馈速度就越快，组织之间的关系就会越来越融洽，最终能促进参与成员的学习与协作。

根据不同的划分标准和角度，产业融合科技创新协同也有不同的模式，我们根据产业融合创新主体和合作方式的不同，将产业融合协作分为两种：内部合作模式和外部合作模式。内部合作模式是技术革新过程中创新系统的一体化模式；外部合作模式指的是不同组织在产业技术和民间其他组织技术创新过程中的合

作，根据驱动要素的不同，可以分为政府驱动下的产业融合协同创新模式和市场引导下的产业融合协同创新模式。

（1）内部协同模式。

面对国内发展新形势，我国的国防工业已经形成了独具特色的十大军工集团，每个军工集团的内部都有其独立完整的产业链，有一部分的军事科研院所在与企业完成科学研究任务的同时，积极地开发新的军民两用技术，从而应用到开发新型军民两用产品的过程中去。企业和军事研究院所可以借助信息共享，通过分享各自的技术成果与创新资源使原有企业自身发展成为产业融合科技协同创新型企业。

许多企业通过内部合作的方式形成军民技术协同创新的运营模式，这种模式是围绕着军事企业或军事研究院所来对军民两用技术进行开发和利用，从而参与到整个市场的竞争环节。如图 6-2 所示，内部协同的模式是在组织的内部进行军民两用创新技术的交流与传播，将研究资源、数据信息在产品的生产过程中进行整合与协同，从而提高市场价值、完成国防任务。技术牵引、利润驱动、激励支撑和战略引导是内部协同的主要动力，内部协同模式下，企业的技术资源和知识信息共享度十分高，同时，知识产权方面保护措施完善从而降低了创新合作的风险，使得产业融合科技协同创新过程更加和谐，最终实现创新效率的提高。产业融合过程中的合作经营会在一定程度上受到组织管理水平、产品竞争力、技术创新力等多个方面的影响，其中组织关系利益分配、人才流动、技术革新是目前应及时解决的问题。

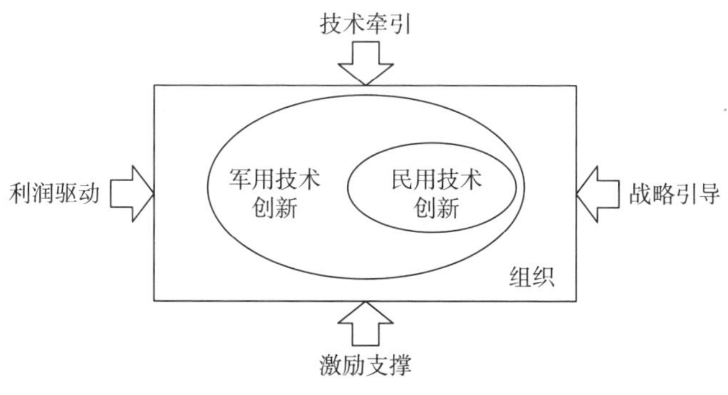

图 6-2　内部协同模式

（2）外部协同模式。

产业融合科技协同创新的外部协同模式不单纯地指军工企业和民用企业的合作，而是跨越这个基础上各个创新主体的合作。如图 6-3 所示，军民两用技术的不断创新，在现有政策支持、市场需求促进和技术驱动的推动下，将技术和信息平台作为桥梁，在政府的统一规划下，使技术、资源、人才等多方面的优势得到充分的发展，形成一个统一的产业融合科技协同创新体系。

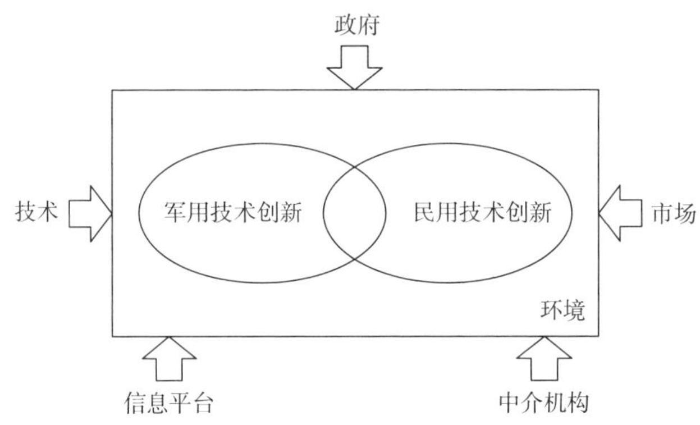

图 6-3　外部协同模式

创新资源的共享过程是指技术、资源、资金的投入而形成的产业融合协同创新主体。中国军工企业在地区分布上存在明显差异。由于技术运营方式的差异、与地方各级政府的合作以及对地区经济影响的差异，形成了非常独特的产业融合协同创新方式。政府主导的产业融合科技协同创新方式是通过企业间的创新资源交换、军队和政府共同利用创新资源来完成的。

高校和科研院所机构是产业融合基础研究和预测研究的主要力量，它们所需要的研究经费基本上来自各地的政府，它们可以通过相应的军事、国防项目来参加军用技术和民用技术创新的相关科研活动。与此同时，高校和科研院所的创新活动需要和企业建立一种密切的联系从而推动创新活动的实施。企业参加产业融合科技协同创新活动是大学和科学研究机关成功的重要因素，导致了以市场为主导的产业融合科技协同创新模式的产生，这是由于军工企业、民间企业、大学和

科学研究机关的合作能够取得与技术相应的创新业绩，实现了资源优势互补，一是通过资源优势互补来提高军事技术的革新能力，二是可以以合作的方式避免技术创新率低、风险大的问题。

二、青岛产业融合协同创新战略实现的政策分析

（一）互惠知识共享政策

为了实现产业融合科技协同创新知识交流的顺利进行，军工企业、民间企业、大学和科学研究机构需要积极合作，政府必须做好总体规划、组织、管理等工作，为产业融合各方主体创造适当的合作和创新环境。

在产业融合协同创新发展的实践经验中，我们不难发现，产业融合协同创新发展主要倾向于合作方式下的技术创新，它是以提升相关科技协同创新竞争力为主要目标。技术是区别于知识的，对于特定的研究对象，技术是知识的一部分，与此同时，知识除了包括技术性知识以外，还包括非技术性知识，如管理方面的知识等。产业融合协同创新发展过程中，知识共享需要各个主体持续稳定的合作与交流，形成一个一体化的知识共同体。产业融合协同创新发展各个主体为实现知识共享就要不断转变合作观念、做好定位。

1. 军工企业、民用企业主动与高校、科研院所协同

军工企业和民用企业要想实现协同，就要不断参与市场竞争，追求长期利益而不是短期利益，投入更多的科研经费从而加大技术和人才的培养，不断引进新型创新人才，积极与高校和科研院所进行合作并共同承担风险。各个主体之间可以通过技术共享、共同研发来推动知识的不断创新与成果的转化。

企业在合作的同时不断加强与高校和科研院所之间的沟通与学习，从而将技术传播到高校、科研院所的研究学习过程中，更好地实现产业信息与科研教学的融合，使高校和科研院所的教学与研究更好地推动成果的转化，不断满足日益增长的市场需求。

2. 高校的教育和科研面向市场

高校不仅可以单纯的培养人才，还能够促进知识在社会中的传播与转移。各个高校在知识的传播和文化创造等方面具有较高的影响力，在科研和人才等方面也具有较高的实力，依靠这些优势，我国建立起了多个科技园区来加强产学研创新协同，通过技术的开发和成果的转化使高校的教育和科研水平不断提高并面向整个经济市场。

3. 科研机构充分发挥链接企业与高校的桥梁作用

科学研究机构作为企业与大学技术合作的桥梁，拥有无法替代的作用，如公共研究机构主要负责民间企业无法承担的大型研发项目，他们直接与企业联系，以合同的形式，解决企业的生产技术问题，以专利的形式向企业销售研究开发技术，在政府资金上可以与企业共同推进研究开发。

总之，科研机构和高校适应了时代发展的要求，使科技成果得到了进一步的转化，突破了自身原有的传统定位——科研教育。因此，高校和科研院所可以利用自身的知识优势和技术优势参与到市场的研究与开发中，创造更多的科研成果。

4. 政府营造良好的产业融合协同创新知识共享环境

在市场经济条件下，产业融合相关利益主体具有不同的优势，产业融合协同创新中不能否认首先要注意市场规律，但是在合作创新中，由于市场信息不完整、交易成本高的缺点，大学与科学研究主体之间不能进行有效的合作，因此政府应在合作创新中起到积极的推动作用，政府可以在解决信息不对称问题上发挥自己独特的作用，政府可以营造良好的外部环境，建立较低的交易成本，充分调动所有参与者的积极性，实现产业融合优势的互补，政府还可以鼓励和引导产业融合通过科学技术项目合作。

（二）资源的有效配置政策

在形成青岛市产业融合标准化的过程中，各参与主体秉承互惠互利、协同配合的原则提出各自建议，标准化体系的建立对推进产业融合技术信息资源开放共享具有积极作用，信息资源共享可减少市场主体在获取资源渠道中的浪费，形成

资源合理配置。

1. 构建以科技项目为主导的资源配置体系

现有的资源分配制度使资源在各个主体之间的流动性变得效率低下，各主体之间存在着利益不同、目标统一性不够、信息交流路径障碍等问题，这些都会在一定程度上引发种种风险问题，而有效的资源配置方案与体系的构建可以在很大程度上改善这些问题，避免产权不清、道德风险等问题的发生。高校、科研院所、企业等主体可以将各自的优势进行互补，响应项目的需求，结合自身的特点进行统筹安排。技术人才具有很好的创新思维和技术开发的能力，在研究所和高校里，技术人才能够在基础设施、实验器材、仪器设备的支持下不断地提高研究能力。政府在这一过程中可以为各个主体之间的创新提供一个和谐的外部环境，提高科研项目的推进效率。

2. 建设军民资源开放共享信息平台

建立军民资源合理的双向流合作机制，提高军民信息交流的程度和能力。在保护国防和军事科技资源秘密的基础上，确保不含机密信息的资源尽量开放到民间部门。在尊重国家安全和信息秘密的前提下，具有国家知识产权的实体可以开放和转移到民间部门，促进社会创新活力的提高。提高“民参军”能力，积极利用民间生产能力，鼓励军事国防机构采购、利用民间生产能力进行武器研究和生产，同时进行有形资产租赁和投资。选择优秀的民间科学技术部门参加国防项目，鼓励民间资本参加国防科学研究项目，倡导直接购买民用专利和产品。

充分利用现代网络信息技术，建立省级军民信息网络平台，建立相关服务设施，充分发挥信息通信技术、自动化技术、互联网优势，通过非营利军民企业、大学和研究机构建立军民资源交流的信息网平台。利用好服务平台及时、准确地发布军民科学研究生产所需的科技资源、技术、设备和人才等信息。目前，陕西省已经成立了许多产业联盟和协会来弥补资源不足的劣势，但这种产业集群效应的最大优势在于资源配置、低成本和品牌合作。

由于信息技术的不断发展，借助现代网络信息技术的力量形成的产业融合信息共享平台得到了迅速的发展，实现了整个产业融合行业的资源整合和协同活动的高效对接。青岛市在信息通信领域的发展速度越来越快，实现了许多自动化技术的突破，互联网平台优势越来越明显，建立了产业融合资源互享平台。在这个互联网信息平台上，可以将产业融合科技协同创新所需要的科技信息资源、技术资源、设备、人才等信息进行及时精准的发布。目前这一阶段的青岛市的产业融合示范区相对较少，在空间问题上存在较大的限制，只有不断完善信息共享平台的建设，才能突破空间问题的约束。

3. 优化人才队伍配置

人才是保证，为了保证人才的完备性，人力资源成了最重要的战略资源。人才队伍的建设成为我们关注的重点内容，以实施高水平人才战略为出发点，加强人才和团队培养能力。根据重点领域和部门的人才需求，加强对大学管理人员的培训。在重大科研项目的基础上，积极推进科研创新队伍的建设，优化世界先进专家队伍、重点学科和国际学术交流合作项目的建设。青岛首先为企业创造良好环境，制定和实施相应的人才政策，灵活运用“人才项目”“人才基地”等不同的人才引进方式，鼓励企业培养和引进年轻的科技人才，改善人才成长所处的文化氛围，维持人才的稳定成长。为推进青岛高端人才研究创新、青岛产业融合与创新发展做出贡献。

企业应该重视知识型人才的培养，知识在促进企业发展、加强核心竞争力方面发挥着重要作用。不断创建学习和技能交流会议，促进个人知识的持续发展，在业务发展中发挥战略领导作用。创造竞争力和高效率的培训市场，不断提高人才的知识和技能水平，保持工作相关性，为致力于提升科技人才的公司提供一系列金融支持。

政府应采取适当的优惠政策，使科研院所和大学科研人才融入创业市场，鼓励他们兼职工作、企业技术、研发和创新等，鼓励大学和企业向科学研究所、大学派遣作业技术人员进行技术培训，通过相关教育使大学生能够提高操作技术水平。培养适应市场需求的科技人才队伍，鼓励企业引进国外的高级科学家和高级工程师，参考海外的成功经验，提高留学生的比例、留学生的入境学习交流的比例，加强海外的高科技人才的引进。创建创新人才库来实现人才交流，建立信息完整性、有效性，能够迅速应对市场的人才库。青岛市在产业融合科技协同创新的过程中不断完善现有的创新环境，出台了一系列的人才政策并得到了实施与执行，采取人才工程和人才基地等多样化的人才引进模式，吸引具备创新精神和能力的人才加入产业融合科技协同创新的队伍中。与此同时，青岛市致力于打造创新型文化氛围，重视知识型人才的培养从而使个人的知识技能得到相应的发展，引导人才积极融入市场中进行科研创新，不断优化人才队伍，实现人才队伍的高水平和高质量。

4. 丰富多元化经费投入机制

对于产业融合科技协同创新所需要的经费，其来源也具有多样化，其中财政投入是最重要也是最关键的一项来源，它可以对科研经费进行指导、调控和保障，从而优化经费配置。在产业融合科技协同创新过程中，政府应发挥其调控和优化整个社会资源的优势，使各种资源在分配过程中实现均衡，从而提高资源配置效率。青岛市应结合国家财政状况，增加对产业融合研究开发以及完善设施的资金和资源地投入，确保科研经费的稳定增长。

5. 优化资源配置环境

资源配置的成效很大程度上会跟内部配置结构、配置机制、外部环境有关，这些因素对于资源配置效率有很大的影响。资源配置效率是在进行资源配置的主体与环境不断交流的过程中表现出来的。因此，为了提高资源配置效率，就要从环境、机制等方面入手，完善资源配置主体所处的经济、政治、文化、自然环境，加大政府对教育、科研的投入力度。

（三）行动的最优同步政策

青岛将产业融合科技创新重点放在海洋领域中，为充分发挥海洋海防特色，青岛市提出要实现多区联动布局，建立“三融”模式及“三海”机制，进行多个海洋相关试验平台开发，以实现平台间协作、海洋技术军民产业化和市场化为目标。平台的建立有助于青岛市海洋研究领域军民深度融合，构建涉海技术协同创新体系，为更多企业及国防建设攻克技术难题。青岛市着重完善军地协调机制体制，形成统一高效的组织管理体系，以便于各市场主体参与到产业融合科技创新工作中来，进行信息共享活动，研究产业融合重大项目建设方案，促进青岛市形成共享机制完善、统一建设制度并实现军地兼容等协同工作。

产业融合政策扶持为我国的创新能力和经济发展提供了有力的保障，政策体系协同促进了我国经济的进步和国防队伍的建设。不断发挥我国民用技术和军用技术的交流与融合，两项技术相辅相成、统筹协调，共同完善产业融合科技协同创新这一体系。

1. 加强军民技术创新体系协同的顶层设计

长期以来，我国的军用技术和民用技术一直处于两者相互独立的阶段，独立的创新体系使军民两大体系分头投入、各自使用。若想实现真正的产业融合，就要建立起一个统一的技术创新体系，避免资源的重复利用和浪费。

目前，我国的军用技术创新体系主要负责军用技术的规划和发展，它是以总装备部为主进行规划的。而民用技术创新体系主要负责民用技术的发展，是围绕科技部来进行规划与发展的。两大主体相互独立、各自规划，在一定程度上缺乏统筹协调，从而使两个主体创新体系之间存在许多隔阂。但事实上，技术本身并没有军用和民用之分，只是在用途和产品上具有不同的特点，两种技术是有共性的。因此，要想实现产业融合，就要从技术创新体系上入手，进行统一规划、协同发展，最终实现技术创新体系协同发展。

2. 培育公平的市场竞争机制

由于军工国防采购体系的特殊性，其存在封闭性和信息不准确性等特点，从而在一定程度上缺乏市场竞争活力，导致了军用技术在创新层面上的效率水平低下。由于军用技术研发难度大、研发费用高，军用产品在价格制定上也会相应的提高。目前，现有的军用产品采购和技术研究与开发还是以国有军工集团为主，民用企业若想进入是十分困难的，这导致军用品行业的垄断现象十分严重。为了避免这种问题的严重化，要在军品采购过程环节中建立公平的市场竞争机制。

3. 公平有效的技术创新成果和过程的考核评价机制

我国的产业融合技术创新评价体系存在着很多问题，大多学者所采取的是定性研究评价，从而忽视了定量研究评价，导致了创新动力缺失、成果转化率不高、投入产出比低下等一系列问题，特别是在科研经费投入过程中存在着十分严重的浪费现象，科技成果产出率极低，从根本原因入手，就是缺乏能够进行量化的评价指标体系。

在产业融合科技协同创新的整个过程中，如果对协同创新的效果不能进行一个明确有效的评价，协同过程就会终止。因此，为避免终止问题的出现，就需要建立一种有效且明确的评价指标体系，由于行业不同、模式不同、区域定位不同，协同评价的机制需尽可能做到内容与指标的统一，构建完善的、公平的、有效的考核评价机制。

三、基于要素协同的青岛产业融合协同创新对策与保障

（一）加强青岛产业融合协同创新企业主体的研发中心建设

青岛市围绕产业融合科技协同创新开展的活动主要依托企业研发中心，将研发中心作为一个主要平台，提高青岛市产业融合自主创新能力。同时，企业自身的自主创新能力是关键与核心，这将推动整个青岛市产业融合的发展。作为企业的研发中心，要具备一定的产业融合科技协同创新研究开发人员，完善相应的研究开发渠道，配备一定数量的可以促进产业融合科技协同创新发展的基础设施设备与场地，不断加大青岛市对于产业融合科技协同创新的资源投入力度，对产业融合技术层面的创新发展给予最大化的资金投入，以确保资金方面能够快速满足需求。在资金来源筹备方面，要完善筹集渠道，做到筹备源头多样化，充分利用资金筹备政策来推进企业主体研发中心的建设与发展。

（二）有效实施产业融合协同创新人才战略

产业融合科技协同创新是一个知识和技术不断创新与交流的过程，作为参与到产业融合科技协同创新中的人才，需要具备扎实的技术基础和创新研发能力，这是推动协同创新的基础与保证，对产业融合的发展具有深远的影响。只有不断充实产业融合科技协同创新人才队伍，充分发挥人才的创新潜能，建立一个全面、和谐、高质量的产业融合人才队伍，才能为产业融合科技协同创新输入更好

的力量，产业融合的过程才会有所保障。

1. 建立全面合理的产业融合科技协同创新人才队伍

优秀的企业家、技术创新人员和研究开发人员组成的人才队伍要有一定的协同创新精神和能力，不断地完善和培养产业融合科技协同创新人才队伍、构建合理全面的人才结构、营造更为良好的人才发展环境是实施人才战略的重要内容，这将成为优秀人才脱颖而出的重要机会。因此，要想在全球化竞争的大背景下使产业融合科技协同创新获得强大的竞争优势和创新能力，就必须实施这一人才战略，打造一批高素质、高质量、具备创新精神和能力的人才。同时，还应完善各种人才机制，使人才的发展有所依靠、有所保障，为产业融合科技协同创新提供更高层次的服务与支持。

2. 充分发挥产业融合科技协同创新人才的创新潜力

培养一批具备创新能力和创新精神的人才还不足以提高整个产业融合科技协同创新竞争力，能够使这些人才的创新潜能得到最大化的发展才是关键。人才机制告诉我们要发挥人的潜能、充分尊重人才，尽最大能力创造合适的环境来鼓励人才创新、实现自我价值和目标，为产业融合科技协同创新贡献自己的力量。

我们应不断完善人才的考核评价制度，对不同的人才进行创新积极性的挖掘与调动，不断挖掘创新人才具备的巨大的潜能，对人才实施相应的激励政策来鼓励人才队伍的优化建设。可以适当地通过一些物质与精神方面的激励来提高整个团队的积极性，从而充分发挥创新人才的创新潜力。

（三）实施产业融合协同创新的创新文化战略

联系实际、勇于创新的企业文化是产业融合科技协同创新文化最核心的价值。产业融合科技协同创新具有其独特的形象品牌，依靠这种形象品牌定位可以产生相应的品牌效益，从而提高整个产品的附加值和市场占有份额。产业融合各个主体内部可以形成巨大的凝聚力，推动整个产业融合科技协同创新的可持续发展。

1. 发挥创新文化对产业融合科技协同创新发展的积极作用

一个组织的创新文化可以极大地促进组织成员间的联系与沟通，它是以组织

创新精神为核心，形成的一系列创新观念和行为方式。任何一个成功的组织都具备相应的创新文化，是属于组织本身特有的精神，物质财富包括创新精神、创新价值观念、创新行为准则、创新道德规范以及物质文化创新环境等。创新文化会对开发创新智力资源潜力产生十分重要的影响，同时，也会对产业融合科技协同创新持续发展起到推进作用。

2. 融合企业文化于整个产业融合科技协同创新过程

产业融合科技协同创新参与主体都有着统一的创新文化和创新价值观，他们的核心都是为了实现持续发展。我们应该坚信，只有不断地进行创新，产业融合科技协同创新的各个参与主体才能够获得生存和持续发展的机会。在经济全球化的时代背景下，国际社会涌现出大量新颖的管理方式和思想，都反映了对创新的需求。只有顺应整个时代的创新潮流，学习新思想、新观点、新方法，完善产业融合理论体系，才能有助于产业融合科技协同创新持续发展。我们应将创新观点、创新文化与产业融合发展相融合，增强各个主体的开创意识，完善创新文化体系建设，对产业融合科技协同创新进程进行整体规划和统筹调控，最终实现具有创造力的产业融合发展。

（四）实施产业融合制度创新战略

制度可以对各个主体之间的关系问题进行调控，制度分为两种：正式的制度规则与非正式的制度规则，其中，正式的制度规则包括宪法、法律等，非正式的制度规则包括一些惯例、行为规范等。产业融合制度可以解决不同情况下产生的一系列问题，这些问题都是不确定的、复杂的、阻碍性的。

产业融合科技协同创新发展的基本条件就是对相关的制度进行创新，制度创新是推动自主创新和经济快速发展的一项十分重要的过程。为了实现产业融合制度创新，就必须要在根本上解决阻碍产业融合科技协同创新发展的一些制约因素，尤其是对产权制度要进行彻底的改革，不断厘清相应的产权关系，完善产业融合发展主体的法人结构和管理方法要求。只有在制度层面上不断进行创新与改革，才是顺应经济全球化时代大背景，实现产业融合科技协同创新持续性发展。

（五）提升自主创新能力

自主创新是一个十分复杂的过程，是参与到产业融合过程中的各个创新主体通过不断研究、开发攻克各种难关的过程，在这一过程中，创新人员不断研究出新的技术工艺，采用新的管理模式来推动产业融合产业的经营，将科研成果转化到生产中与生产要素相融合，进入市场竞争中来实现自身的价值。提高自主创新能力的关键在于对现有的自主创新体系进行补充完善，巩固在自主创新方面的主体地位。

1. 建立完善的自主创新体系

一个完善的自主创新体系能推动持续创新和发展，有助于创新主体对于技术的研究和开发，有助于科学的规划产业融合科技协同创新过程，还有助于创新主体对于技术、信息等资源的整合和利用。只有将技术、人才、资源、信息等优势整合起来，才可以形成长期的自身竞争优势。从可持续发展战略出发，相应地提高自主创新方面的能力，建立起完整的自主创新体系，才能促进产业融合科技协同创新的可持续发展。

2. 强化自主创新的主体地位

在经济全球化的背景下，自主研发成为各个创新主体所选择的路径，但这一路径存在着很多阻碍创新发展的因素，为了厘清产权问题和相应的产权关系，我们需要不断地进行产权制度的规划与创新，完善相关的法人治理结构。不断创新才能形成完善的现代企业制度，增强各个主体的自主创新地位，使创新制度与市场经济相匹配，最终实现持续创新发展的目标。

（六）实施持续产业融合技术创新战略

实现产业融合科技协同创新可持续发展的根本保证是提高自身的自主创新能力和主体的核心竞争力。在产业融合科技协同创新过程中，为了达到实现持续技术创新的目的，我们要不断提高技术层面的创新，从而推动核心竞争能力的提高，实现全方位持续发展，最终提高国际地位与竞争力。营造良好的环境用于技术创新，与此同时还要选择合适的技术创新模式。

1. 优化产业融合科技协同创新的技术创新环境

良好的技术创新环境对于持续技术创新具有重要的意义，只有不断地进行技术创新，才能构建一个较为完善的成果转化和技术创新研发平台。通过利用产业融合技术优势，不断整合科技、信息等资源来解决面临的技术难题，提高科技研发能力和成果转化效率，将创新成果投入到市场生产过程中去，形成巨大的生产力，最终成为产业融合科技协同创新的发展动力。

2. 选择合理的技术创新模式

产业融合科技协同技术创新是由独立创新、模仿创新和合作创新所组成的。独立创新的含义是排除外界技术指导的一种创新，该创新的基础是抓住技术和市场创新的机遇后，同时依据原有的技术支持独立开发和开创而取得全新的技术水平，并且实现此技术在商业市场的应用。模仿创新的含义是创新本体通过对国内外超前的技术和设备进行买进或引进，同时对此进行一定的修改、完善、实现再创新。合作创新的含义是主体两者或者多者之间为了相互利益，规整拥有资源，合作共赢实现创新。独立创新、模仿创新和合作创新各有千秋，产业融合科技协同创新的创新类别的选定应在外界因素和内在因素共同影响下灵活选定。实现自我创新道路，拥有原创核心能力，对在激烈的国内外环境下立足有很大意义。不过这样也会使投入成本增加和对有关技术的发展前景不明确。模仿创新的优点是成本少、快成效，但依赖于技术提供方的支持，导致利润被大部分榨取。合作创新的优点是实现资源共享化，但应具备出色的组织协调能力。所以，产业融合科技协同创新类别需和外界环境和自身特点相兼容，需在各时间段实现对创新类别的更换，以便选择更适合的创新类别。

（七）大力实施产业融合知识产权战略

产业融合科技协同创新中自主技术创新是通过知识产权所展现出来的，它具备易流传、易借鉴等特点。所以，为了产业融合科技协同创新能够产生连续不断的创新成果，针对知识产权的保护应具备更高的规定。同时，知识产权保护制度也是维护产业融合科技协同创新的自主创新的重要保障，对于实现连续不断的创新成果有着重大意义。为了知识产权战略的有效进行，我们应坚持健全完善知识产权管理体系，并且增强对于产业融合科技协同创新知识产权的管理维权能力。

1. 健全产业融合科技协同创新知识产权管理体系

产业融合科技协同创新的一个突出特点是实现自主技术创新、实现自主知识产权。建立知识产权中管理制度，完善知识产权管理体系，保护自主知识产权是产业融合科技协同创新管理制度十分重要的纽带。产业融合科技协同创新推行知识产权战略，将知识产权保护放在中心位置，建立和健全管理体系。一是对有关知识产权的相关法律条款进行补充与完善，加大有关部门的执法力度，对违反知识产权法的相关行为进行全面打击。二是建立以行业协会为导向的自我维权援助制度，保障便捷有效的救济途径，有效地保护知识产权合法的权益。

2. 增强产业融合科技协同创新知识产权管理意识

随着时代的发展，众多行业都具备自己的知识产权，企业的维权保护意识不断加强。但从总体来看，我国企业跟国外的部分跨国公司相比，对自身的维权保护意识不够，缺少知识产权保护体系，制约了企业的发展。所以，增强产业融合科技协同创新的知识产权管理能力，健全完善保护体系有着非同寻常的意义，这样可以提高企业的知识产权力度，从而实现知识产权竞争力的加强。

（八）加快实施产业融合品牌创新战略

随着经济全球化和网络化的不断发展，品牌在提高产业融合科技协同创新形象，提高产业融合科技协同创新成果在市场比重等方面有着重大效果。组织之间的竞争、成果的竞争，越来越体现在对品牌的竞争上。因此，对于企业能够保持持续的前进力必须实现品牌创新，也是推动企业产品走向市场、走向世界的根本路径之一。

1. 树立品牌创新理念

在经济全球化和科技不断革新时代下，企业的竞争对抗从产品和价格改变成品牌竞争对抗阶段，如果企业未拥有国际品牌，也就意味着失去全球品牌竞争的资格。产业融合科技协同创新要在国际环境的市场对抗中立足就必然要发展品牌创新，推行品牌创新战略，积极面对国际环境中的机遇和挑战。品牌的竞争力不高，同时品牌创新、品牌保护、品牌战略意识薄弱是限制其竞争力提高的重要因

素。产业融合科技协同创新如要参加国际品牌竞争则必须先实现品牌创新，品牌创新也是企业获得品牌竞争的优势，保障可持续不断发展的战略之一。因此，产业融合科技协同创新需要树立品牌创新观念，提高品牌竞争意识，创造属于自己的国际品牌，增强品牌的竞争力。

2. 建立品牌管理机制

产业融合科技协同创新要想拥有知名有效的国际品牌则必然要经历几代人的创新和努力。推进实施品牌创新战略，建立和保障品牌创新管理体系，增强其质量和价值。不断学习与模仿国际中超前的品牌创新管理制度，增强品牌的保护观点和国际化的意识。企业应依照本身特点和具体状况制定相关的品牌创新管理制度和战略。产业融合科技协同创新必须在持续品牌创新的同时，提高保护品牌能力，才可以在紧张激烈的品牌竞争中拥有一席之地，从而进行可持续发展。

（九）提高产业融合协同创新管理能力

产业融合协同创新竞争力的差距，根本上是由产业融合协同创新治理水平的差异所造成的。好的产业融合协同创新治理是企业良好业绩的驱动器，它能有效保护或降低产业融合协同创新遭遇的各种导致损失甚至破产的风险和失误。管理是重要的生产力，是全面提升协同创新国际竞争力的先决条件。产业融合协同创新的一个重要保障就是管理创新，其在市场开拓过程中所运用的各种创新活动的落实，都需经过管理职能的逐步实施和具体执行得以成功进行。因此，本书认为产业融合协同创新管理创新活动是指引、协调其他创新活动的重要保障。协同创新主要通过以下途径提升创新管理能力：

一是从产业融合协同创新内部制度建设方面着手：加强组织制度、管理制度、产权制度和企业文化等因素对创新的激励机制构建，强调以人为本，尊重员工的个性及创造性思维，鼓励员工的尝试，重视他们的主观能动性对提高产业生产率的巨大作用。

二是要健全和完善产业融合科技协同创新法人管理制度，重视对管理者的选用、评价、奖励和约束制度的运用。对于产业融合科技协同创新管理效率的改善可以提高产业融合科技协同创新管理水平。

三是实施战略管理，管理人员应从产业融合协同创新外部角度来综合分析并预测其拥有的各种有形与无形资源，制定出战略目标并实施，以市场需求为导向，立足长远实现产业的长期、稳定、可持续发展。需要注意的是，不同协同创新在提升竞争力时，要根据自身特点选择全面提升创新能力的侧重点。对于管理理念相对僵化、落后的企业来说，其侧重点在于观念上的创新，需及时调整企业当前不适，建立正确的价值观体系以适应内外部环境变化与自身发展的需求，从而为竞争力的提升做好思想、理念上的准备，防止其成为阻碍；对于长久保持单一或固定产品生产运营模式的企业来说，最先需要进行的一项任务就是产品的创新，以此为基础来提高企业对市场变化所产生的反应能力和竞争能力。

附件一

产业融合协同创新调查

尊敬的先生/女士：

您好！非常感谢您在百忙之中抽出时间填写这份问卷，本问卷是“产业融合协同创新机制和政策研究”课题研究的重要一环，旨在找出影响协同创新的因素，及其影响程度。非常感谢您参与本问卷调查，本问卷纯属学术研究，问卷结果仅作为学术研究使用，我们将对您提供的信息严格保密，未经您允许不会用于任何其他目的，再次感谢您的支持与合作。

热切希望能够得到您的大力支持和帮助。对此，我们不胜感激，深表谢意！

1. 您的性别［单选题］

○男

○女

2. 您的学历［单选题］

○中专及以下

○大专

○本科

○硕士

○博士及以上

3. 您所在企业类型［单选题］

○军工企业

○民营企业

○高校及研究所

○政府机关

○其他

4. 您在企业的工作年限［单选题］

○0~5 年

○6~10 年

○11~15 年

○16 年及以上

5. 根据您对目前产业融合协同创新过程中所需要知识的共享情况，选择合适选项（分数越高代表该指标水平越高）［矩阵单选题］

（五个圆圈依次代表 1 分、3 分、5 分、7 分、9 分）

您当下能否及时获得创新知识相关信息 ○ ○ ○ ○ ○

您认为当下高校及研究所对新知识的共享传播途径是否丰富（如科研网站、科研成果转化等） ○ ○ ○ ○ ○

您认为当下企业内部是否具有较为丰富的创新知识资源 ○ ○ ○ ○ ○

您是否经常听到高校与军工企业展开合作的新闻资讯 ○ ○ ○ ○ ○

您对知识共享相关规章制度了解程度如何 ○ ○ ○ ○ ○

您认为是否有必要建立较为严格的知识共享约束制度 ○ ○ ○ ○ ○

您认为产业融合各方目前在知识创新工作上是否成果显著 ○ ○ ○ ○ ○

6. 请根据您对产业融合创新过程中资源配置效率的观察进行评分（分数越高该指标资源配置水平越高）［矩阵单选题］

（五个圆圈依次代表 1 分、3 分、5 分、7 分、9 分）

您认为产业融合领域相关财政优惠政策效果如何 ○ ○ ○ ○ ○

您认为其他企业对产业融合相关领域的资金支持效果如何 ○ ○ ○ ○ ○

您认为高校与企业之间共建实验室或共享设备的完善情况如果 ○ ○ ○ ○ ○

您认为目前从事产业融合领域的人才数量满足需求的情况如何 ○ ○ ○ ○ ○

您认为当前产业融合科技成果市场占有率情况如何 ○ ○ ○ ○ ○

您认为产业融合对我国经济市场发展是否具有推动作用 ○ ○ ○ ○ ○

7. 请您根据产业融合创新过程中各主体行动协同效率水平建设进行评分（分数越高代表该项指标协同程度越高）[矩阵单选题]

（五个圆圈依次代表 1 分、3 分、5 分、7 分、9 分）

您认为当下政策体制与企业生产机制之间是否平衡 ○ ○ ○ ○ ○

您认为目前产业融合制度细节完善情况如何 ○ ○ ○ ○ ○

您认为建设对高校、企业及政府均有利的体制是否可行 ○ ○ ○ ○ ○

您认为当下市场整体制度与企业标准吻合度如何 ○ ○ ○ ○ ○

附件二

问卷数据信效度分析

问卷的信度即代表了问卷数据的可靠性与可信性，即代表了问卷对象是否正确对待问卷问题、认真回答了问卷问题；问卷的效度代表了问卷的设计是否具有科学性与合理性，并且答卷者是否可以正确地了解制作者的意图，即当制作者的预期与问卷变量一致时问卷才具有良好的效度水准。有些问卷的信度和效度不是同时存在的，因此要借助 SPSS 软件对收集到的问卷数据进行信效度检验。

表 1　问卷调查样本数

	个案数	%
有效	112	100
排除	0	0
总计	112	100

表 2　问卷调查整体 Cronbach's Alpha 值

Cronbach's Alpha	基于标准化项的 Cronbach's Alpha	项数
0.969	0.969	14

由表 1 和表 2 可以看出：本次的问卷调查样本数为 112 份，无缺失项，整体的 Cronbach's Alpha 为 0.969，通常这个系数大于 0.7 就可以认为通过了可靠性检验，说明我们收集到的数据可靠性十分高。

表 3　问卷指标删除任意项后 Cronbach's Alpha 值

指标	项已删除的 Cronbach's Alpha 值
知识传播能力	0.966
共享途径完善度	0.966
互惠知识共享规章制度完善度	0.965
知识共享文化氛围	0.963
知识再创新能力	0.967
信息资源整合程度	0.966
财力资源投入状况	0.966
物力资源投入状况	0.965
人才资源丰富度	0.966
科技成果产出水平	0.965
经济产出水平	0.969
体制和机制协同改革	0.965
体系和要素协同融合	0.965
制度和标准协同建设	0.965

由表 3 可知：从项 1 到项 14，删除任意一个项后，量表的整体信度系数均小于或等于 0.969，意味着每一个项的存在都十分必要，无须删除任何项，进一步说明了指标设计过程中信度良好。

在通过因子分析对信息的浓缩性进行研究分析时，首先要确定的是所研究的数据是否能够满足因子分析的条件，根据信效度的检验可以得出：本次研究的数据 KMO 为 0.923（见表 4），大于 0.6，则说明该组数据可以满足进行因子分析的基本条件要求，可以进行相应的因子分析。其次，对收集到的数据进行 Bartlett 球形检验（$p<0.05$），说明该组数据可以进行因子分析，且 KMO 值比 0.9 大，证明该问卷具有极好的效度，同时 p 值为 0.01 小于 0.05 通过了 Bartlett 球形检验，再次证明问卷具有有效性。

表 4　KMO 和 Bartlett 的检验

KMO 值	0. 923	
Bartlett 球形检验	近似卡方	579. 328
	df	112
	p 值	0. 01

附件三

问卷数据信主成分分析

对表5-1中的协同创新评价指标进行主成分分析，判断其对产业融合协同创新发展的影响情况，以获取综合评分，结果如表1所示。

表1　主成分分析过程总方差解释汇总

成分	初始特征值			提取平方和载入		
	合计	方差百分比（%）	累计百分比（%）	合计	方差百分比（%）	累计百分比（%）
1	10.113	72.235	72.235	10.113	72.235	72.235
2	0.922	6.588	78.822	0.922	6.588	78.822
3	0.769	5.494	84.316	0.769	5.494	84.316
4	0.512	3.660	87.976	0.512	3.660	87.976
5	0.384	2.740	90.716	0.384	2.740	90.716
6	0.306	2.187	92.899			
7	0.219	1.567	94.466			
8	0.208	1.483	95.949			
9	0.146	1.042	96.991			
10	0.131	0.937	97.929			
11	0.119	0.853	98.782			
12	0.095	0.679	99.461			
13	0.076	0.539	100			
14	1.000E-013	1.002E-013	100			

选取各指标实际值和理想值数据通过主成分分析，可以得到前五个主成分的方差解释概率分别为 72.235%、6.588%、5.494%、3.660%和 2.740%，即前五个主成分的累计解释率为 90.719%，超过 85%即可认为该分析包括 5 个主成分。随后计算各指标的成分得分系数如表 2 所示。

表 2　主成分分析过程各成分得分系数矩阵

指标构成	成分 1	成分 2	成分 3	成分 4	成分 5
知识传播能力	-0.172	0.686	-0.120	-0.250	0.007
共享途径完善度	-0.180	0.209	0.213	0.194	-0.103
互惠知识共享规章制度完善度	-0.124	-0.080	0.220	0.549	-0.220
知识共享文化氛围	-0.051	-0.045	-0.190	-0.150	1.087
知识再创新能力	-0.236	-0.146	-0.230	1.136	0.029
信息资源整合程度	-0.172	-0.686	-0.120	-0.250	0.007
财力资源投入状况	0.174	-0.225	-0.076	0.287	-0.007
物力资源投入状况	0.389	-0.034	-0.296	-0.275	0.089
人才资源丰富度	0.415	-0.073	-0.302	-0.249	0.056
科技成果产出水平	0.226	-0.033	-0.044	-0.109	-0.015
经济产出水平	-0.233	-0.101	1.091	-0.162	-0.073
体制和机制协同改革	0.266	0.043	0.061	-0.351	-0.096
体系和要素协同融合	0.199	-0.123	0.213	-0.182	0.002
制度和标准协同建设	0.165	-0.210	0.039	-0.195	-0.036

主成分得分为成分得分系数与所选因素具体数据计算的结果，以主成分 1 为例的得分计算公式为：主成分 1=知识传播能力×（-0.172）+共享途径完善度×（-0.180）+互惠知识共享规章制度完善度×（-0.124）+知识共享文化氛围×（-0.051）+知识再创新能力×（-0.236）+信息资源整合程度×（-0.172）+财力资源投入状况×（0.174）+物力资源投入状况×（0.389）+人才资源丰富度×

（0.415）+科技成果产出水平×（0.226）+经济产出水平×（-0.233）+体制和机制协同改革×（0.266）+体系和要素协同融合×（0.199）+制度和标准协同建设×（0.165）。

综合得分为方差解释率与成分得分乘积后累加计算的结果，针对当前的数据的综合得分计算公式为：0.72235×成分1得分+0.06588×成分2得分+0.05494×成分3得分+0.03660×成分4得分+0.02740×成分5得分。

通过SPSS主成分分析从而得出主成分矩阵如表3所示。

表3 主成分分析过程的主成分矩阵

指标构成	成分1	成分2	成分3	成分4	成分5
知识传播能力	0.851				
共享途径完善度			0.197		
互惠知识共享规章制度完善度			0.041		
知识共享文化氛围			0.816		
知识再创新能力	0.812				
信息资源整合程度				0.486	
财力资源投入状况				0.103	
物力资源投入状况				0.150	
人才资源丰富度				0.154	
科技成果产出水平		0.917			
经济产出水平		0.375			
体制和机制协同改革					0.135
体系和要素协同融合					0.052
制度和标准协同建设					0.033

根据主成分分析过程中得出的主成分矩阵，将14项指标归为五大类，为每个一级指标定义，分别为知识潜在能力、互惠知识共享水平、资源的有效配置水

平、创新产出效果、行动的最优协同水平如表4所示。

表4 协同创新指标主成分构成

目标层	一级指标	二级指标构成
产业融合协同创新绩效	知识潜在能力	知识传播能力
		知识再创新能力
	互惠知识共享水平	共享途径完善度
		互惠知识共享规章制度完善度
		知识共享文化氛围
	资源的有效配置水平	信息资源整合程度
		财力资源投入状况
		物力资源投入状况
		人才资源丰富度
	创新产出效果	科技成果产出水平
		经济产出水平
	行动的最优协同水平	体制和机制协同改革
		体系和要素协同融合
		制度和标准协同建设

参考文献

［1］存在困难：五大因素成为发展制约［J］．宁波经济（财经视点），2020（11）：24-26.

［2］国内首届产业融合人工智能产业发展高峰论坛在青岛召开［J］．科学中国人，2018（8）：24-25.

［3］青岛市人民政府关于印发青岛市落实山东省开展国家标准化综合改革试点工作实施方案的通知［J］．青岛市人民政府公报，2019（Z1）：32-50.

［4］山东省人民政府办公厅关于同意举办2018首届青岛产业融合科技创新成果展的批复［J］．山东省人民政府公报，2018（30）：70.

［5］习近平总书记在中国科学院第十九次院士大会、中国工程院第十四次院士大会上的讲话摘录［J］．系统工程，2020，38（6）：159.

［6］中船综合院协办全国首届标准化产业融合年会并共同发布标准化产业融合“青岛共识”［J］．船舶标准化与质量，2018（6）：15.

［7］安通．国企结对显担当　党建引领助脱贫［J］．当代贵州，2020（42）：16-17.

［8］敖煜新．全面落实新时代军事战略方针　奋力开创县域国防动员工作新局面［N］．湖州日报，2020-12-03（A06）．

［9］包洋，孙颖．治理能力提升视阈下应急物资保障体系建设的多维探析［J］．黔南民族师范学院学报，2020，40（5）：109-113.

［10］本报评论员．实现富民强市与强军兴军互促共赢［N］．鹤壁日报，2020-10-26（001）．

［11］本刊编辑部，孙明华，王继勇，董雷，戎文华，马晓雨．科学管控

[J]. 国企管理，2020（21）：42-47.

［12］本刊编辑部，孙明华，王继勇，董雷，戎文华，马晓雨．自主创新［J]. 国企管理，2020（21）：60-65.

［13］本刊编辑部．知识产权产业融合试点地方增补北京、青岛［J]. 河南科技，2019（9）：5.

［14］本刊通讯员．内江市科技局扎实推进科技协同创新［J]. 内江科技，2020，41（10）：1.

［15］本刊讯．中国标准科技集团有限公司：搭建协同创新服务平台　引领标准化产业发展［J]. 中国科技产业，2020（12）：76.

［16］曹桂银．我国企业核心竞争力研究［D]. 安徽农业大学硕士学位论文，2005.

［17］晁云，刘佳，李京红．地方高校参与产业融合科技创新存在的问题与对策［J]. 国防，2018（4）：38-40.

［18］陈金涛，李亚文．美、日、俄产业融合主要做法分析及启示［J]. 经济研究导刊，2014（8）：247-248+259.

［19］陈茂奇．关于工业竞争力指数编制中若干问题的探讨［J]. 江苏统计，1997（9）：3.

［20］陈猛夫．美国非政府机构的情报履职发展历程及做法分析［J]. 情报杂志，2020，39（12）：15-20+49.

［21］陈水招．上杭县新材料产业发展对策探析［J]. 山西农经，2020（22）：136-137.

［22］陈锡强，赵丹晓，练星硕．粤港澳大湾区科技协同创新发展研究：基于要素协同的视角［J]. 科技管理研究，2020，40（20）：36-42.

［23］陈亚楠．制造企业产业融合发展战略探究［J]. 经济界，2020（6）：65-69.

［24］陈燕．健全生物安全体系　构建生物安全共同体［N］. 中国社会科学报，2020-12-22（012）.

［25］程建鹏，杨芳，韩博．全面创新改革试验区建设对宁夏沿黄科技改革

试验区的启示［J］. 北方经济，2020（11）：38-41.

［26］储诚山，刘伯霞. 新余市节能减排财政政策综合示范典型经验及成效［J］. 江苏商论，2020（12）：107-110.

［27］崔成芳. 我国交通运输业上市公司竞争力评价研究［D］. 天津财经大学硕士学位论文，2011.

［28］搭建军民两用技术对接交流平台，2018 第五届上海军民两用技术促进大会开幕［J］. 华东科技，2018（11）：13.

［29］大力推进国家卫星导航应用（江苏）产业基地建设步伐［J］. 数字通信世界，2013（S1）：45.

［30］戴翔. 产业融合发展合同纠纷法律救济问题［J］. 法制博览，2020（31）：99-100.

［31］党伟滔，荀烨，王敏，张建东. 产业融合配送模式下被装物资保障可靠性仿真［J］. 军事交通学院学报，2020，22（11）：63-67.

［32］邓丽姝. 夯实经济高质量发展的创新引擎［J］. 中国经贸导刊（中），2020（11）：15-16.

［33］第一届国际高科技协同创新高峰论坛在深圳举行［J］. 科技导报，2020，38（22）：8.

［34］刁国泰. 当好桥梁纽带　发挥特有优势　聚力推进产业融合深度发展［N］. 洛阳日报，2020-12-03（002）.

［35］丁小星. 武警院校教学督导机制改革分析与探索［J］. 公安海警学院学报，2020，19（5）：66-70.

［36］杜人淮，申月. 国防工业产业融合发展国际化：路径与实现［J］. 科技进步与对策，2020，37（23）：115-123.

［37］范本荣，程娟，刘利明，张泉，孟庆山. 山东省农机装备科技创新制约瓶颈与突破路径［J］. 农业科技管理，2020，39（6）：31-34.

［38］范晶. 大型企业竞争力评价研究［D］. 燕山大学硕士学位论文，2006.

［39］范晓屏. 国际经营与管理［M］. 北京：科学出版社，2002.

［40］方维慰. “一带一路”国家科技合作与协同创新的机制研究［J］. 重

庆社会科学，2020（12）：45-58.

［41］方炜，唐路路，孙泽华．中国特色产业融合概念演变研究［J/OL］．科技与经济，2020（6）：1-5.

［42］冯帆，张璐．国内价值链与地区产业结构升级——基于增加值视角的实证研究［J］．现代经济探讨，2020（12）：91-99.

［43］冯静，顾雪松，韩立岩．我国产业融合示范区创新能力评价［J］．科技进步与对策，2018，35（23）：146-154.

［44］冯兴民，任才清．产业融合背景下部队爆破人才培养问题研究［J］．采矿技术，2020，20（6）：222-224.

［45］冯媛．产业融合创新中的信息共享博弈与治理［J］．情报理论与实践，2016，39（8）：87-91.

［46］涪潞．支持创新型企业发展的政府政策探析［J］．企业活力，2012（6）：55-58.

［47］高琨，谭斌，汪丽萍，田晓红，刘艳香，刘明．我国军用主食品发展现状、问题和建议［J/OL］．粮油食品科技，2021，1（29）：1-7.

［48］高擎，何枫，吕泉．产学研协同创新背景下高校科技创新效率研究——基于我国重点高校面板数据的实证分析［J］．研究与发展管理，2020，32（5）：175-186.

［49］龚健健．军工产业：产业融合发展模式探讨［J］．开放导报，2017（4）：109-112.

［50］管玉婷．面向军民融合的创新生态系统形成与共生演化机理研究［D］．合肥工业大学硕士学位论文，2019.

［51］管祝．广元市产业融合金融服务体系建设研究［D］．西南科技大学硕士学位论文，2019.

［52］李兴华．协同创新是提高自主创新能力和效率的最佳形式和途径［N］．科技日报，2011-09-22（001）．

［53］郭本海，彭莹，薛会娟．知识互溢视角下新能源汽车产业链功能演化GERT网络模型研究［J/OL］．科技进步与对策，2021，38（2）：65-74.

［54］郭宏．基于协同创新的高技术企业绩效管理研究［D］．天津大学博士学位论文博士学位论文，2009.

［55］郭韬，曹路苹，李峰．区域军民科技协同创新环境的构成与优化对策［J］．科技导报，2019，37（12）：67-73.

［56］郭亚男，安实，王健，麦强．国防科技工业跨部门合作治理网络动态演化研究［J/OL］．科技进步与对策，2021，38（1）：104-113.

［57］郭艳红，付刚．产业融合产业园从上海自贸区的金融创新中可以学到什么［J］．国防科技工业，2014（4）：30-31.

［58］郭永辉．基于制度视角的产业融合技术创新分析［J］．科技管理研究，2014，34（3）：14-17.

［59］韩国元，武红玉，孔令凯，邹思玥．科技中介参与下军民技术融合行为的演化博弈研究［J］．运筹与管理，2020，29（11）：1-10.

［60］郝全洪．系统科学视角的发展现代产业体系的理论逻辑［J］．西北大学学报（哲学社会科学版），2021，51（1）：101-108.

［61］郝晓冉．坚守初心使命　领航科技创新［N］．中国科学报，2020-11-12（003）.

［62］郝新东，杨俊凯．区域科技创新中的产研协同研究——基于广深港澳科技创新走廊的实证［J］．科技管理研究，2020，40（21）：95-100.

［63］何云峰，张青青，高志强．高校科技协同创新的迭代演替与系统构型［J］．中国高校科技，2020（11）：8-12.

［64］贺灿飞，朱晟君．中国产业发展与布局的关联法则［J］．地理学报，2020，75（12）：2684-2698.

［65］胡丽蓉．融资约束、融资方式对军民融合高新技术企业研发投入的影响研究［D］．成都理工大学，2019.

［66］胡雪军，李帅锋，丁敬美，陈活良，董罡，鱼敏．产业融合疾控应急体系建设研究［J］．人民军医，2017，60（10）：1052-1054+1058.

［67］胡育波．企业管理协同效应实现过程的研究［D］．武汉科技大学硕士学位论文，2007.

［68］黄传峰．加快构建自主可控现代产业体系［N］．中国社会科学报，2020-12-15（011）．

［69］黄志澄．美国航天产业融合向深度发展［J］．卫星应用，2015（11）：30-34.

［70］惠宁，马微，刘鑫鑫．互联网发展对中国区域创新能力的影响及地区差异研究［J/OL］．北京工业大学学报（社会科学版），2021（2）：51-70.

［71］计方，胡蓉．产业政策异质性、集团化经营与企业研发投资［J］．财会月刊，2020（24）：41-50.

［72］贾超，高文，孟媛，张弛．京津冀协同创新背景下天津市加快发展科技服务业的对策建议［J］．天津科技，2020，47（11）：1-3.

［73］江彬．全面打造区域经济高质量发展新高地［N］．绵阳日报，2020-12-28（003）．

［74］姜莉．中美产业融合保密管理的对比分析及其启示［J］．中国军转民，2018（10）：67-70.

［75］姜照君，吴志斌．文化产业集群知识溢出对企业创新能力的影响——以国家级广告产业园区为例［J］．江淮论坛，2020（6）：66-72.

［76］金碚．产业国际竞争力研究［J］．经济研究，1996（11）：7.

［77］金碚．论企业竞争力的性质［J］．中国工业经济，2001（10）：6.

［78］鞠晓生，黄朝峰．产业融合与国防科技创新发展——第二届产业融合推动经济转型发展论坛综述［J］．经济研究，2016，51（10）：190-192.

［79］军事科学院何雷．科技创新助推产业融合深度发展［N］．解放军报，2018-05-03（007）．

［80］李纲，刘益．知识共享、知识获取与产品创新的关系模型［J］．科学学与科学技术管理，2007，28（7）：5.

［81］李海瑜．山东省国防科技工业军民融合发展问题研究［D］．山东大学硕士学位论文，2018.

［82］李华一，陶重犇，徐树鹏．基于知识流动的高校产学研协同创新探究——评《高校科技成果转化与协同创新》［J］．科技管理研究，2020，40

(21)：263.

[83] 李继中，张爱忠，刘怡，王润泽．基于大数据平台的军民两用基地化应急物流信息系统建设 [J]. 军事交通学院学报，2020，22 (11)：53-57.

[84] 李家祥．全球“战疫”下高校助力东北振兴的对策研究 [J]. 中国高校科技，2020 (10)：93-96.

[85] 李洁，张代平．俄罗斯推动装备建设军民融合的主要做法 [J]. 国防，2014 (5)：4-6.

[86] 李林，胡宇萱，曾立．科技兴军视角下区域产业融合创新体系研究 [J]. 科学管理研究，2017，35 (2)：62-65+84.

[87] 李奇，秦大国，周伟江．美国“天基杀伤评估”发展分析 [J]. 航天电子对抗，2020，36 (5)：5-8.

[88] 李泉影．北京九强生物技术股份有限公司营运能力分析 [J]. 中国管理信息化，2020，23 (1)：4-5.

[89] 李文辉，李青霞，丘芷君，邱晓晴．廊带区域技术创新协同网络研究——以广深科技创新走廊合作专利为依据 [J/OL]. 科技与经济，2020 (6)：6-10.

[90] 李玉梅．基于产业技术创新战略联盟的高技术产业成长的评价与对策研究 [D]. 青岛科技大学硕士学位论文，2018.

[91] 李云．美俄欧航天产业融合思路与措施研究 [J]. 卫星应用，2016 (8)：12-17.

[92] 梁悦，费腾．促进校城协同创新的城市型大学更新策略 [J]. 建筑与文化，2020 (12)：207-209.

[93] 林丽娜，宋越明．海军5G军事化应用研究 [J]. 通信技术，2020，53 (11)：2699-2704.

[94] 林双．企业技术创新过程中知识创新与人才成长协同发展的评价研究 [D]. 青岛科技大学硕士学位论文，2012.

[95] 刘帮成，王重鸣．技术能力如何转化为竞争优势：组织动态能力观点 [J]. 管理工程学报，2007 (1)：20-24.

[96] 刘彬，胡建伟，康绯．美国网络空间军民一体化组织运行体制及启示［J］．网信产业融合，2019（2）：56-58.

[97] 刘超．科技型中小企业知识共享程度评价指标体系设计及实证研究［D］．东华大学硕士学位论文，2015.

[98] 刘昊，张志强．建立产业融合一体化专利管理体制的思考——基于首批解密国防专利的分析［J］．情报杂志，2017，36（10）：110-116.

[99] 刘佳宁．粤港澳大湾区科技金融协同发展路径研究［J］．南方金融，2020（9）：57-65.

[100] 刘世锦，杨建龙．核心竞争力：企业重组中的一个新概念［J］．中国工业经济，1999（2）：6.

[101] 刘伟．创新型企业成长要素协同与成长绩效研究［D］．青岛科技大学硕士学位论文，2018.

[102] 刘晓燕，庞雅如，侯文爽，单晓红．关系—内容视角下央地科技创新政策协同研究［J］．中国科技论坛，2020（12）：13-21.

[103] 刘耀．创新型企业发展模式及其实现持续创新机制研究［D］．南昌大学博士学位论文，2009.

[104] 刘元秀．上市公司竞争力的统计分析［D］．新疆财经大学硕士学位论文，2007.

[105] 刘智．京津冀科技协同创新共同体的构建路径研究［J］．中国科技产业，2020（11）：49-52.

[106] 娄俊婷．陕西科技资源配置效率评价及提升研究［D］．西安理工大学硕士学位论文，2020.

[107] 卢鹏好．基于知识共享的产学研协同创新研究［D］．郑州大学硕士学位论文，2014.

[108] 罗伟，张迪．新形势下做好军队工程质量监督工作的思考［J］．工程质量，2020，38（11）：8-10.

[109] 骆付婷．基于知识转移的军民融合技术协同创新模式与评价研究［D］．西南科技大学，2017.

［110］马超，李茂，邓丛瑶．新形势下的航空产业知识产权保护模式研究［J］．中国科技产业，2020（12）：54-57.

［111］马浚洋，蒋培，雷家骕．产业融合“隐形冠军”企业创新：特征、做法与建议［J］．情报杂志，2019，38（5）：201-207.

［112］马洋洋．谱写强军“四化”新篇章［N］．淮北日报，2020-12-24（008）．

［113］梅秋平，李园奇，柳光利．产业融合背景下兵工企业与职业院校协同创新研究——以重庆机电职业技术大学为例［J］．现代职业教育，2020（49）：80-81.

［114］孟丽鹏．军民共建结硕果［N］．锡林郭勒日报（汉），2020-12-28（A01）．

［115］孟宇．甘肃省产业融合产业技术溢出困境与对策研究［D］．西北师范大学硕士学位论文，2020.

［116］牟朝霞，王立镇．军事体能训练的困境与突破——产业融合模式探讨［J］．当代体育科技，2020，10（32）：47-49.

［117］南京　产业融合上台阶　军地同创模范城［J］．中国民政，2015（22）：17.

［118］戚湧．借力区域一体化推动产业融合协同创新［N］．科技日报，2019-01-21（007）．

［119］聂红焰．努力在成渝地区双城经济圈建设中展现大担当实现新作为［J］．重庆行政，2020，21（5）：4-6.

［120］宁高峰，马林．产业融合协同创新障碍因素及对策研究［J］．现代经济信息，2019（18）：88.

［121］戚艳君，王玉峰．装备技术人才产业融合定制化培训模式［J］．国防科技，2020，41（5）：119-123.

［122］齐莉．民航信息透明机制探析［J］．交通企业管理，2020，35（6）：50-52.

［123］屈艺．新时代国防特色高校推动产业融合发展的路径研究［J］．南京

理工大学学报（社会科学版），2018，31（5）：30-35.

［124］沈益平，刘杰奇，张朋．军工科研院所践行产业融合典型案例——北京航天发射技术研究所探索产业融合发展的经验与体会［J］．中国航天，2017（10）：29-31.

［125］省委产业融合办理论学习中心组．履行军工强国使命　聚焦起推动转型发展的强大动力［N］．山西日报，2020-11-17（009）.

［126］施海燕．协同创新中心生成机理与实证研究［D］．浙江工业大学博士学位论文，2017.

［127］石晓妮．青岛农商银行平度支行信用贷款业务管理体系优化研究［D］．青岛科技大学硕士学位论文，2018.

［128］舒本耀，陈国玖．民企参军的促进手段研究［J］．中国军转民，2015（12）：10-14.

［129］双海军，谭建伟，刘乔乔．产业融合技术协同创新主体构成要素研究［J］．现代管理科学，2013（2）：85-87.

［130］宋帅邦．中国区域创新能力评价研究［J］．技术经济与管理研究，2020（12）：118-123.

［131］宋婉宁．我要“飞得更高”——航空工业沈阳所创新纪实［J］．军工文化，2020（Z2）：76-79.

［132］宋伟，刘玲，姚梦雨．基于协同发展的河北省农业科技金融服务体系创新研究［J］．山西农经，2020（20）：65-66.

［133］宋阳．协同创新视角下科技型中小企业发展瓶颈及对策分析［J］．产业创新研究，2020（21）：102-103+110.

［134］宋怡．基于优势转换的钢铁企业竞争力研究［D］．石家庄经济学院硕士学位论文，2012.

［135］苏屹，林周周，王铁男．中国省际知识溢出对区域创新绩效的非线性影响研究［J］．管理工程学报，2021（1）：1-10.

［136］唐继平，张勇，刘健．基于三螺旋理论的国防科技成果再研发协同创新研究［J］．西南科技大学学报（哲学社会科学版），2020，37（5）：32-39.

［137］唐蕊．成渝地区双城经济圈科技创新协同发展研究——基于京津冀、长三角、粤港澳城市群的比较视角［J］．重庆行政，2020，21（5）：80-82.

［138］田富强．总体安全下军民知识产权融合激励与竞争机制［J］．中国科技论坛，2018（6）：151-158.

［139］田庆锋，苗朵朵，张硕，张添．产业融合型高校的科技成果转化效率及路径［J］．科技管理研究，2020，40（8）：91-101.

［140］佟海燕．深入学习贯彻习近平总书记重要指示精神［J］．山东人大工作，2019（9）：11-12.

［141］童敏慧，马士群．"一带一路"倡议下航空航天产业发展探讨［J］．航空财会，2020，2（6）：52-55.

［142］童旭东．深化科技体制改革　增强高质量发展动能［J］．新湘评论，2020（21）：21-22.

［143］万程成．我国科技创新与实体经济协同发展评价研究［J］．技术经济与管理研究，2020（11）：20-25.

［144］汪士．加强科技创新政策协同　助力合肥建设科技创新策源地［N］．合肥晚报，2020-10-28（A03）.

［145］王伯安．企业竞争能力评价指标体系设计［J］．工业技术经济，2002，21（2）：3.

［146］王春杨，兰宗敏，张超，侯新烁．高铁建设、人力资本迁移与区域创新［J］．中国工业经济，2020（12）：102-120.

［147］王德禄．新经济：军民融合三个案例［J］．中关村，2016（6）：72.

［148］王辉．军民技术创新体系协同模式与评价研究［D］．华中科技大学博士学位论文，2014.

［149］王建华，王方华．企业竞争力评价系统及应用研究［J］．管理科学学报，2003，6（2）：7.

［150］王晋，蓝定香．美国军民融合发展的体制与政策研究［J］．中国西部，2018（5）：11-19.

［151］王晶．S 船舶研究所科研人员激励研究［D］．大连海事大学硕士学位

论文，2018.

［152］王路昊，赵帅．区域产业融合创新体系中的边界渗透［J］．北京理工大学学报（社会科学版），2020，22（6）：107-114.

［153］王倩倩．用活资本力量　加速产业升级　专访融合控股集团党委书记、董事长高树军［J］．国资报告，2020（11）：104-107.

［154］王沙骋，陈家昌，赵澄谋．新军事变革：创新国防采办制度研究［J］．中国软科学，2011（3）：10-22.

［155］王胜英．军民融合发展研究［D］．大连海事大学硕士学位论文，2019.

［156］王圣，张燕歌．山东海洋产业竞争力评估体系的构建［J］．海洋开发与管理，2011，28（7）：109-113.

［157］王爽．美国空军装备发展产业融合的历史考察［J］．军事历史，2019（6）：115-117.

［158］王雯，郝雪．惠民生　利长远——京津冀协同战略下加强河北应急科普工作的建议［J］．科技风，2020（34）：137-138.

［159］王永庆．安宁区发展数据信息产业的“五个着力点”［N］．甘肃日报，2020-12-22（005）.

［160］王玉梅，苑吉洋，林少钦．基于 CITESPACE 知识图谱可视化的海洋牧场研究分析［J］．中国海洋大学学报（社会科学版），2020（3）：42-55.

［161］王玉梅．黄河可持续发展评价指标体系与方法研究［J］．人民黄河，2006（6）：4-5+8.

［162］王兆新．提升山东省农村信用社合作社市场竞争力问题研究［D］．山东大学硕士学位论文，2011.

［163］王正刚，李震，刘宁波．装配式技术应用于军事设施的前景展望［A］//中冶建筑研究总院有限公司．2020 年工业建筑学术交流会论文集（下册）［C］．中冶建筑研究总院有限公司：工业建筑杂志社，2020：4.

［164］王帜．“协同—博弈”视角下的绵阳市军民融合对策研究［D］．电子科技大学硕士学位论文，2019.

［165］ 王宗哲．产业融合在军事交通物流运输中的应用与发展［J］．价值工程，2020，39（17）：106-107.

［166］ 文雯，黄璟．基于创新主体视角的区域知识产权运营效率提升对策［J］．科技风，2020（34）：162-164.

［167］ 吴美容，李小衬，王文波．基于灰色层次分析模型的产业融合产业创新平台分析［J］．湖北工程学院学报，2020，40（6）：78-83.

［168］ 吴钦景，张永莉．科技引领 协同创新——产教融合 实业创新［N］．联合日报，2020-11-04（003）．

［169］ 谢世富，张磊，马龙．军地联合定向培养士官存在的问题及对策［J］．军事交通学院学报，2020，22（10）：77-80.

［170］ 谢言，段君，韩晨，丁珮琪．军转民活动与军工企业成长：来自十大军工集团A股上市公司的证据［J］．科技进步与对策，2020，37（23）：134-143.

［171］ 辛爱洪．推进产业融合发展 助力兴边富民行动［N］．中国民族报，2020-10-27（006）．

［172］ 熊毅俊，刘建峰，何秀古，晏育伟，邵卓，林悦欣，禹绍国．科技支撑乡村振兴战略的探索实践——以广东省农业科学院“院地合作”为例［J］．广东农业科学，2020，47（12）：237-244.

［173］ 徐超南．成都市政府培育军民融合无人机产业的案例研究［D］．电子科技大学硕士学位论文，2019.

［174］ 徐佳澍．技术创新与中国对外贸易竞争力的研究［D］．沈阳工业大学硕士学位论文，2009.

［175］ 徐强．企业技术创新系统要素协同研究［D］．东北大学博士学位论文，2012.

［176］ 徐雨晨．军民融合知识产权制度研究：政策文本分析视角［D］．大连理工大学硕士学位论文，2018.

［177］ 许鹤文．军民技术转移体制机制优化研究［J］．科技和产业，2020，20（11）：206-210.

［178］ 许梅芳．绵阳市产业融合创新发展研究［D］．电子科技大学硕士学

位论文，2019.

［179］许瑞超．企业竞争力理论综述［J］．河南教育学院学报（哲学社会科学版），2004（6）：96-98.

［180］闫开宇．黑龙江省创新型工业企业竞争力提升路径研究［D］．哈尔滨工程大学硕士学位论文，2010.

［181］闫忠平．数字化升级赋能科技创新［J］．华北电业，2020（11）：14-15.

［182］杨国立．军民情报学融合的困境与推进策略研究［J］．情报理论与实践，2020，43（11）：28-33.

［183］杨海生．军地协同创新驱动产业园区高质量发展策略——基于全面协同创新的应然分析［J］．河南师范大学学报（哲学社会科学版），2020，47（6）：80-85.

［184］杨礼惠．南京市产业融合创新系统政策体系优化研究［D］．南京理工大学硕士学位论文，2018.

［185］杨丽伟．供应链企业协同创新的内部影响因素研究［J］．中国市场，2011（15）：55-56.

［186］尹清卿，王海涛，余兵．区域性国防知识产权工作模式研究与试点——以上海地区军民两用技术转化为例［J］．专利代理，2019（4）：93-97.

［187］尹训飞，郧彦辉．释放发展新动能　全力打造成都科技创新高地［J］．先锋，2020（11）：22-24.

［188］游光荣，闫宏，赵旭．产业融合发展政策制度体系建设：现状、问题及对策［J］．中国科技论坛，2017（1）：150-156.

［189］游光荣．四个关键词展望2016产业融合［J］．科技中国，2016（1）：39-40.

［190］于全虎，崔益烽，张清勇．军民通用型内河小型油船设计［J］．军事交通学院学报，2020，22（11）：35-40.

［191］于慎澄，倪庆东，张松梅．企业融入产业融合发展攻势的路径研究［J］．青岛行政学院学报，2019（6）：106-108.

［192］于树军，王天浩．军队医院深度产业融合运行模式探析［J］．世界最新医学信息文摘，2019，19（89）：236+238.

［193］于忠珍．青岛市建设国际海洋名城的成效及对策研究［J］．青岛职业技术学院学报，2018，31（6）：10–15.

［194］余维新，熊文明．关键核心技术产业融合协同创新机理及协同机制研究——基于创新链视角［J］．技术经济与管理研究，2020（12）：34–39.

［195］余祖德，陈俊芳．企业竞争力来源的理论综述及评述［J］．科技管理研究，2009，29（6）：349–351.

［196］余祖德，陈俊芳．制造企业竞争力的决定因素模型及其实证研究［J］．软科学，2008，22（12）：5–13.

［197］余祖德．基于知识的制造企业竞争力的形成机理及知识转化决策［D］．上海交通大学博士学位论文，2008.

［198］袁瑜容．探析中山智能制造产业创新与科技金融信贷协同发展［J］．科技与创新，2020（21）：128–130.

［199］张东祥．产业融合立法关系论［J］．行政与法，2020（11）：120–128.

［200］张国良，陈宏民．国内外技术创新能力指数化评价比较研究［J］．系统工程理论方法应用，2006（15）：385–392.

［201］张寒松．坚持创新在我国现代化建设全局中的核心地位［N］．贵州日报，2020–12–09（008）.

［202］张浩，杨阳，刘阳．协同创新中心助力苏州大学高质量发展的路径探索［J］．江苏科技信息，2020，37（30）：4–6.

［203］张军亮，张睿，刘喜文，任厚丞，任文杰．协同创新网络结构演化特征及影响因素研究——基于 2001—2018 年河南省科技进步奖的实证［J］．管理学刊，2020，33（6）：72–82.

［204］张立辉．我国发电企业竞争力分析与评价方法研究［D］．华北电力大学（北京）博士学位论文，2006.

［205］张路蓬．基于创新网络的协同创新机制研究［D］．哈尔滨工程大学博士学位论文，2016.

［206］张明星．企业可重构竞争能力的重构动因、过程及方法［D］．武汉工程大学硕士学位论文，2009.

［207］张千山．在新发展格局中努力做好两篇文章［N］．邵阳日报，2020-11-16（005）.

［208］张思平．深圳国有企业40年发展得失评析［J］．开放导报，2020（4）：49-55.

［209］张文萱．融合·创新——首届青岛产业融合科技创新成果展举行［J］．走向世界，2018（45）：42-45.

［210］张杨．基于生态位视角的高技术产业竞争力问题研究［D］．广东工业大学硕士学位论文，2011.

［211］张艺，许治，朱桂龙．协同创新的内涵、层次与框架［J］．科技进步与对策，2018，35（18）：20-28.

［212］张语恒．营商环境优化与区域商贸流通业高质量发展：理论与实证［J］．商业经济研究，2020（24）：9-13.

［213］张中强．军民物流融合发展的影响要素、机制及发展模式研究［A］//科技进步与对策杂志社．《科技进步与对策》学术年会（2011）“产业融合发展论坛”论文集［C］//科技进步与对策杂志社，2011：4.

［214］张重阳，唐彦辉．产业融合式军事物流配送模式探析［J］．现代商贸工业，2021，42（1）：27-28.

［215］赵黎明，孙健慧，张海波．产业融合技术协同创新行为分析［J］．科技进步与对策，2015，32（13）：111-117.

［216］赵丽，梁敏．企业竞争力理论综述［J］．商业经济，2009（4）：22-23.

［217］赵兴红．科技创新一体化推动万达开协同创新发展［J］．内江科技，2020，41（10）：71-72.

［218］赵玉姝，焦源，董广茂，张明亲．“民参军”企业科研生产领域风险管控——研究综述与展望［J］．管理现代化，2020，40（6）：121-124.

［219］郑航竹．绵阳市产业融合企业科技成果转化能力评价［D］．西南科

技大学硕士学位论文，2019.

［220］郑皓文．基于活力评价的街道空间微更新策略研究［D］．武汉大学硕士学位论文，2019.

［221］仲伟俊，梅姝娥．产业融合产业技术创新的特点、方式和作用研究［J］．科技与经济，2019，32（2）：36-40.

［222］周磊，杨威．基于新颖性和交叉性的中国产业融合研究前沿识别［J］．情报探索，2019（6）：7-13.

［223］周三多，陈德铭．中小企业竞争力研究［M］．南京：南京大学出版社，2003.

［224］周永红，吴银燕，宫春梅．基于企业联盟的知识共享模式分析［J］．情报理论与实践，2014，37（12）：57-60+46.

［225］周正柱，李瑶瑶，冯加浩．协同创新背景下长三角区域科技创新一体化发展［J］．科学发展，2020（11）：57-64.

［226］朱殿骅．产业融合发展项目联合绩效审计研究［J］．中国内部审计，2020（11）：83-86.

［227］朱亚飞．协同创新视角下我国军民融合深度发展研究［D］．云南大学硕士学位论文，2015.

［228］邹江，何力，陈俞佳．产业融合背景下应急物流体系建设的思考［J］．中国管理信息化，2020，23（6）：121-122.

［229］Augier M，Knudsen T，Mcnab R M. Advancing the Field of Organizations Through the Study of Military Organizations［J］. Industrial & Corporate Change，2014，23（6）：1417-1444.

［230］Barney J B. Firm Resource and Sustained Competitive Advantage［J］. Journal of Management，1991，17（1）：99-120.

［231］Bellais R，Guichard R. Defense Innovation，Technology Transfers and Public Policy［J］. Defence and peace economics，2006，17（3）：273-286.

［232］Berkutova T A. Resource Potential of Diversification of Defense Industry Enterprises in the Context of Civil-Military Integration［J］. Bulletin of Kalashnikov IS-

TU, 2019, 21 (4): 51.

[233] Bozhou H, Xiangqian L. Research on the Development of the Civil-Military Integration Emerging Industries in Hunan Province [J]. Science & Technology Progress and Policy, 2018.

[234] Cheung T M. The Chinese Defense Economy's Long March from Imitation to Innovation [J]. The journal of strategic studies, 2011, 34 (3): 325-354.

[235] Chuang Rao, Caixia Zhou. Research on the Factors Influencing the Technological Innovation of Military Industry Listed Companies, 2020: 195-200.

[236] Cohen J, Cohen J, Cohen J W, et al. Statistical Power Analysis for the Behavioral Science [J]. Technometrics, 1988, 31 (4): 499-500.

[237] Collins O. Book Review: TVA and the Grass Roots: A Study in the Sociology of Formal Organization. Philip Selznick [J]. American Journal of Sociology, 1950, 55 (4): 419.

[238] Dalong L, Lian X, Bo T. Probe the Form and Innovation of Xi Jinping Thought on Civil-military Integration Development [J]. Journal of Northwestern Polytechnical University (Social Sciences), 2018.

[239] Daphne, Ngar-yin, Mah, et al. Collaborative Governance for Technological Innovation: A Comparative Case Study of Wind Energy in Xinjiang, Shanghai, and Guangdong [J]. Environment & Planning C Government & Policy, 2014 (5).

[240] Dombrowski P, Gholz E. Identifying Disruptive Innovation: Innovation Theory and The Defense Industry [J]. Innovations: Technology, Governance, Globalization, 2009, 4 (2): 101-117.

[241] Erdil A, Öztürk A. A Model Approach for Taxation Management: A Case Study in Airline Industry, Turkey [J]. Procedia - Social and Behavioral Sciences, 2016 (229): 335-345.

[242] Fei CAI, Jun-xian LIU, Hong-hui CHEN. Research on the Cultivation Model for Civil-military Integrated Artificial Intelligence Technology Talents [J]. 2018 (7).

［243］ Gaeiras B. Fablab Lisboa：When a Municipality Fosters Grassroots，Technological and Collaborative Innovation ［J］. Field Actions Science Report，2017，2017（16）：30-35.

［244］ Galasso V，Gatti R，Profeta P. International Tax and Public Finance ［M］. Kluwer Academic Publishers，2013.

［245］ Grant R M. Toward A Knowledge-Based Theory of the Firm ［J］. Strategic Management Journal，1996，17（S2）：109-122.

［246］ Grégory Daho. A Revenge of the Generals. The Rebalancing of the Civil-military Relations in France ［J］. Journal of Intervention and Statebuilding，2019，13（3）：304-322.

［247］ Haitao L，Jun X，Management S O. Research on Technological and Business Collaborative Innovation Model Based on Triz Theory ［J］. Journal of Industrial Technological Economics，2019.

［248］ Hongjun C，Fuji X. How Technological Proximity Affect Collaborative Innovation? An empirical study of China' s Beijing - Tianjin - Hebei Region ［J］. Journal of Management Analytics，2018（3）：1-22.

［249］ Ivanilde Apoluceno de Oliveira，Maria do Perpétuo Socorro Gomes de Souza Avelino de França. Teacher training in Special Education during the civil-military dictatorship of Pará State ［Z］. Education Policy Analysis Archives，2019：27.

［250］ Jian L，Office P，University F. A Probe into the National Defense Intellectual Property System under the Strategy of Civil - military Integration Strategy ［J］. Journal of Nanjing University of Science and Technology（Social Sciences Edition），2018（10）.

［251］ Jiang Tiejun，Zhou Chengjie，Zhang Huaiqiang. Research on the Architecture and Governance Mechanisms of a Civil-military Integration Technology Innovation Network ［Z］. 2018.

［252］ Jiang Y，Xie W，Zhuang B. The Civil-military Integration Development of Equipment Construction Based on SWOT Quantitative Method ［C］// 2017 29th Chinese Control And Decision Conference（CCDC）. IEEE，2017.

[253] Jiao H，Yang J，Zhou J，et al. Commercial Partnerships and Collaborative Innovation in China：The Moderating Effect of Technological Uncertainty and Dynamic Capabilities [J]. Journal of Knowledge Management，2019，ahead-of-print (ahead-of-print).

[254] Jing R，Benner M. Institutional Regime，Opportunity Space and Organizational Path Constitution：Case Studies of the Conversion of Military Firms in China [J]. Journal of Management Studies，2016，53（4）：552-579.

[255] Jinlai X. On the Legislation of Civil-Military Integration Development [J]. Law-Based Society，2019.

[256] Lavallee TM. Civil-Military Integration：The Politics of Outsourcing National Security [J]. Bulletin of Science Technology & Society，2010，30（3）：185-194.

[257] Lei Z，Huizi H，Zhengmin Z. Research on Evaluation of Provincial Civil-Military Integration Development Level Based on PSR Model [J]. Journal of Intelligence，2019.

[258] Liu Danghui，Yi Yunxia. Researches on the Co-Constructing and Sharing Mechanism of Chinese Military-Civil-Commerce Space Resources [J]. Management Science and Engineering，2019，8（3）：238-247.

[259] Liu X，Shao F，Zhang X. Research on the Civil-Military Integration Logistics Support System of Warships [J]. IOP Conference Series：Materials Science and Engineering，2020，853（1）：012031（5pp）.

[260] Mah N Y，Hills P. Collaborative Governance for Technological Innovation：A Comparative Case Study of Wind Energy in Xinjiang，Shanghai，and Guangdong [J]. Environment and Planning C，2014（32）.

[261] Margit Bussmann. Military Integration，Demobilization，and the Recurrence of Civil War [J]. Journal of Intervention and Statebuilding，2019，13（1）：95-111.

［262］ Matheis H，Lau A，Hirsch M. Technological Support for Managing Collaborative Innovation Projects in SME Networks ［C］ // International Conference on Engineering. IEEE，2013.

［263］ Military and Defense；Reports Summarize Military and Defense Study Results from Harbin Engineering University（Evolutionary Game of the Civil-military Integration With Financial Support）［J］. Defense & Aerospace Week，2020.

［264］ Mowery D C. Defense-related R&D as a Model for "Grand Challenges" Technology Policies ［J］. Research Policy，2012，41（10）：1703-1715.

［265］ Neu D，Everett J，Rahaman A S. Preventing Corruption Within Government Procurement：Constructing the Disciplined and Ethical Subject ［J］. Critical Perspectives on Accounting，2015（28）：49-61.

［266］ Parolin S R H，Vasconcellos E，Volpato M，et al. Barriers and Facilitators of Collaborative Management in Technological Innovation Projects ［J］. Journal of Technology Management and Innovation，2013（8）：85-86.

［267］ Pierce T. Warfighting and Disruptive Technologies：Disguising Innovation ［M］. London：Routledge，2004.

［268］ Porter，Michael E. 国家竞争优势［M］. 李明轩，邱如美，译. 北京：华夏出版社，2002.

［269］ Prahalad C K，Hamal G. The Core Competences of the Corporation ［J］. Harvard Business Review，1990（63）：79-91.

［270］ Qing-mei Tan and Dan-dan Li. Research on the Structure and Operation of Industrial Innovation Platform of Civil-military Integration ［M］. 2015 IEEE International Conference on Grey Systems and Intelligent Services（GSIS），Leicester，2015：584-587.

［271］ Qiong Z，Wenbing Z，Teng W. Research on Industrial Internet Security in the Environment of "the Internet Plus" and Civil - military Integration ［J］. Microcomputer Applications，2018（9）.

［272］ Qiqi S，Zhen L，Lihong L. Analysis on Development and Demand of Chinese Military Trade in Marine Industry in Civil – military Integration Environment [J]. Ship Standardization Engineer, 2018 (7) .

[273] Rong Y G. On Improvement of National Defense Innovation System by Civil-Military Integration [J]. 中国软科学, 2006, 16 (7): 68-79.

[274] Samuels R J. "Rich Nation, Strong Army": National Security and the Technological Transformation of Japan [M]. New York: Cornell University Press, 1994.

[275] Schulze A, Brojerdi G J C. The Effect of the Distance between Partners' Knowledge Components on Collaborative Innovation [J]. European Management Review, 2012, 9 (2) .

[276] Shao Q, Li Y J, Wang J. Evaluation for Relevant Factors of Technological Innovation Performance of Petroleum Enterprise from View of Collaborative Innovation [J]. Applied Mechanics and Materials, 2014 (521): 801-805.

[277] Shaobo W U, Xin G U, Shuang P. The Formation of Technological Trajectories of Knowledge Chain's Collaborative Innovation—A Case Study on TD-SCDMA's Innovation [J]. Science of Science and Management of S. & T, 2009 (3) .

[278] Shaowei Z. Discussion on Strengthening the Scientific and Technological Collaborative Innovation in Jiangxi [J]. Science Mosaic, 2012 (7) .

[279] Shuang Wang, Zhong Wu, Guoyi Wu. Implementation Path Of Reverse Emergency Logistics Based On Civil-Military Integration [Z] . 2018.

[280] Sofo F, Volpentesta A P, Ammirato S. Establishing a Framework for Collaborative Innovation Processes In A Technological District in Italy [J]. The International Journal of Technology Knowledge and Society, 2008, 4 (1): 169-176.

[281] Steinbock D. The challenges for America's Defense Innovation [J]. The Information Technology & Innovation Foundation, 2014: 20-21.

[282] Stern P S. The Determinants of National Innovative Capacity [J]. Research Policy, 2002.

[283] Te Kulve H, Smit W A. Civilian – military Co-operation Strategies in Developing New Technologies [J]. Research policy, 2003, 32 (6): 955-970.

［284］ Thompson W C. Success in Kashmir：A Positive Trend in Civil－military Integration During Humanitarian Assistance Operations ［J］. Disasters，2009（11）.

［285］ Tomes R R. US Defence Strategy from Vietnam to Operation Iraqi Freedom：Military Innovation and the New American War of War，1973－2003 ［M］. Routledge，2006.

［286］ Trebat N M，De Medeiros C A. Military Modernization in Chinese Technical Progress and Industrial Innovation ［J］. Review of Political Economy，2014，26（2）：303－324.

［287］ Tseng C Y. Technological Innovation Capability，Knowledge Sourcing and Collaborative Innovation in Gulf Cooperation Council Countries ［J］. Innovation，2014，16（2）：212－223.

［288］ T. 波特，刘铭昌．关于“强大国家”［J］. 国外社会科学，1980.

［289］ Vekstein D. Defense Conversion，Technology Policy and R & D Networks in the Innovation System of Israel ［J］. Technovation，1999，19（10）：615－629.

［290］ Wernerfelt B. A Resource View of the Firm ［J］. John Wiley & Sons，Ltd，1984，5（2）：171－180.

［291］ Xiao－Song L I，Bin L V，Zhen－Hua X. Research on Weapon Equipment Construction Civil－Military Integration Development Power System ［J］. Computer Simulation，2018（3）.

［292］ Xing－Yu X，Jian－Wei Z，Jie Z. Coordination Mechanism Research on the Development of Higher Education of Civil－military Integration in America—from the Perspective of System Science ［J］. Heilongjiang Researches on Higher Education，2018（11）.

［293］ Ying Xu，Jiongqi Wang，Xiaogang Pan，et al. Evaluation of Coordination and Optimal Route of Military－Military Integration Logistics System ［J］. Science Discovery，2020，8（5）.

［294］ Yong－Mao X，Qing－Jun Z，Rong Y. Exploration of the Innovative Modes of Enterprise Civil－Military Integration Standardization ［J］. China Standardization，

2019 (7) .

[295] Zhang H. Efficiency of the Supply Chain Collaborative Technological Innovation in China: An Empirical Study Based on DEA Analysis [J]. Journal of Industrial Engineering and Management, 2015, 8 (5): 1623-1638.

[296] Zhixin C, Yao C. Study on the Efficiency Measurement and Evolution Characteristics of Regional Technological Collaborative Innovation—Take the Beijing-Tianjin-Hebei Region and the Yangtze River Delta Region as Examples [J]. Contemporary Economic Management, 2019.

[297] Zilong Wang, Zhiwen Zhang, Ng Choon Yeong Jhony. Measurement of Innovation Resource Allocation Efficiency in Civila Military Integration Enterprises [J]. Kybernetes, 2019, 49 (3): 835-851.